ファンクショナルトレーニング

FUNCTIONAL TRAINING

機能向上と障害予防のための
パフォーマンストレーニング

編 中村千秋
著 渡部賢一・鈴木 岳・北川雄一

文光堂

序　文

　2008年に開催された日本臨床スポーツ医学会学術集会の会場において，文光堂から執筆・出版の声をかけていただいてから2年が経とうとしています．ちょうど渡部賢一さんの「肩甲帯のファンクショナルトレーニング」と題するワークショップの座長を終えてホッとしたところで声をかけていただき，その後「このメンバーなら確実」と考え抜いて作業を進め，メンバーに多大な負担をおかけしながら出版されたのが本書「ファンクショナルトレーニング」です．

　このメンバーとは，本書の執筆者である渡部賢一さん（Ⅲ章），鈴木岳さん（Ⅰ，Ⅱ，Ⅳ章），そして北川雄一さん（Ⅰ，Ⅱ，Ⅴ章）です．渡部賢一さんはPhysiotherapy Associates Tempe SPORT Clinic時代にメジャーリーガーを中心としたアスリートたちを相手にファンクショナルトレーニングを実践していましたし，現在でも福岡ソフトバンクホークスにおいてご活躍中です．鈴木岳さんは，現在はR-body projectにて一般の方々に対しファンクショナルトレーニングを提供し続けると同時に，最高レベルのオリンピック選手にもそのノウハウを惜しみなく応用し，ファンクショナルトレーニングの認知・普及に多大な功績を残されようとしています．北川雄一さんはアリゾナ時代よりファンクショナルトレーニングに興味を持たれ，アメリカでのさまざまなワークショップに参加しながらその理論と方法を吸収し，現在はbjリーグ仙台89ERSにて，特に選手のけがの予防プログラムとしてファンクショナルトレーニングを活用しています．

　私がこの3名の方々を執筆者として選んだのは，皆さんが，日常的に選手のけがの予防，けがからの回復，そしてパフォーマンス向上のために長年にわたってファンクショナルトレーニングを使っている実践者であることと，このテーマで複数回のワークショップを開催した経験があるということが理由です．そして，ここが最も重要なのですが，ファンクショナルトレーニングに関する私たちの理論背景や使用するエクササイズが基本的にはアメリカからのものであり，私たちのなかで共通した概念や用語を用いて本書を執筆できたということです．

　さて，ファンクショナルトレーニングというといかにも最新のトレーニング方法のように聞こえますが，よく考えれば私が学生だった30年以上前にもすでにこのような類のトレーニング方法は存在していました．順天堂大学1年生の「基礎運動」という実習ではドイツの翻訳テキストを用いてそれらしいトレーニングを習いましたし，十種競技や投擲の選手が体育館にてメディシンボールや跳び箱を使って行っていたトレーニングはまさに「ファンクショナルトレーニング」であったように思います．最近そのことを当時の恩師に打ち明けたところ，「その通りだと思うが，実は私（恩師）が学生の頃にもすでにトレーニング方法として確立していたよ」と指摘を受けました．ファンクショナルトレーニングとは呼ばれていなかったにせよ，その方法はすでに随分と昔からあったということです．

　このように，ファンクショナルトレーニングはトレーニングとしては決して新しいものではありませんが，特に2000年代に入ってからアメリカにおいてその理論と方法（エクササイズ）が体系づけられ，利用できる用具・器具の進化も手伝って，普及に拍車がかかっているようで

す．理論背景が示されることで誰もがそしてより多くの人が納得して実践できるようになり，加えて，さらなる研究と実践によって理論と方法が書き換えられるチャンスが出てきたわけです．

　ファンクショナルトレーニングは他のすべてのトレーニングと同様に万能なトレーニング方法ではありません．したがって，読者のみなさんにはさまざまなトレーニングの理論と方法を学ぶと同時に，自分で実践し，それらの長所と短所を体得して欲しいと思います．ファンクショナルトレーニングを他のトレーニング方法と比較できる能力こそが，指導者としてファンクショナルトレーニングを用いるための最も重要な要素であると確信しています．

　最後になりましたが，私のわがままを聞き入れ，執筆のために貴重な時間とエネルギーを費やしてくださった3名の執筆者に心からお礼を申し上げます．また，本書執筆・出版のチャンスを与えてくださり，最後まで私たちを叱咤激励し続けてくださった文光堂編集部の中村晴彦さまに深謝いたします．そして，本書が，日本人によって日本語で書かれた初めてのファンクショナルトレーニングのテキストであることを誇りに思うと同時に，本書がファンクショナルトレーニングの今後の発展に寄与することを祈念します．

2010年9月

中村千秋

目次

I ファンクショナルトレーニングとは　1

- A 動作の重要性　2
- B ファンクショナルトレーニングの定義　4
- C ファンクショナルトレーニングの5原則　5
  1. 重力(gravity)を利用する　5
  2. 分離(dissociate)と協同(integrate)　6
  3. キネティックチェーン(kinetic chain)　8
  4. 3面運動(3 dimension movement pattern)　8
  5. 力の吸収(loading)と力の発揮(unloading)　9
- D ファンクショナルトレーニングの基礎知識―アナトミカルキネシオロジー―　12
  1. 軟部組織(筋)の機能と働き　13
  2. 関節運動を含めたバイオメカニクス　15
  3. 神経系統の働き　17

II ファンクショナルトレーニングのプログラミング　19

- A プログラミングの基礎　20
- B ファンクショナルアセスメント　22
  1. オーバーヘッドスクワットテスト Overhead Squat (OH SQ) Test　22
  2. シングルレッグスクワットテスト Single Leg Squat (SL SQ) Test　24
  3. ハードルステップテスト Hurdle Step Test　26
  4. インラインランジテスト In Line Lunge Test　29
  5. シングルレッグブリッジテスト SL Bridge with Abduction Test　30
- C トレーニングの期分け　32
  1. スタビリティ・モビリティ期　32
  2. ストレングス期　32
  3. パワー期　33
- D トレーニングの流れ　34
  1. フレキシビリティエクササイズ　34
  2. スタビリティエクササイズ　36
  3. コアエクササイズ　37
  4. ストレングスエクササイズ　38

E　エクササイズの難易度の漸増方法 ………………………………………………… 39
　　　1　支持面 (base of support) を変化させる　39
　　　2　重心の位置 (center of gravity) を変化させる　40
　　　3　ファンクショナルトレーニングで使用する主な用具　41

III　上肢のファンクショナルトレーニング　　45

　　A　上肢のファンクショナルトレーニングの基礎 ……………………………………… 46
　　　1　肩甲帯の機能的役割　46
　　　2　肩甲帯の機能低下を引き起こす要因とそのメカニズム　47
　　B　上肢の解剖学的運動機能 …………………………………………………………… 48
　　　1　肩甲帯　48
　　　2　肩関節　49
　　C　上肢のファンクショナルアセスメント …………………………………………… 51
　　　1　ポスチャアセスメント　52
　　　2　モビリティ＆スタビリティアセスメント　56
　　D　上肢のファンクショナルトレーニングのプログラミング ……………………… 61
　　　1　上肢筋群のフレキシビリティ改善　62
　　　2　肩甲帯のストレングスとスタビリティ改善　62
　　　3　肩関節のストレングスとスタビリティ改善　62
　　E　上肢のファンクショナルエクササイズ …………………………………………… 62
　　　1　上肢筋群のフレキシビリティエクササイズ　62
　　　2　肩甲帯のストレングスとスタビリティエクササイズ　67
　　　3　肩関節のストレングスとスタビリティエクササイズ　72
　　　4　胸部のストレングスエクササイズ　78
　　　5　背部のストレングスエクササイズ　81
　　　6　肩のストレングスエクササイズ　83

IV　体幹のファンクショナルトレーニング　　87

　　A　体幹のファンクショナルトレーニングの基礎 ……………………………………… 88
　　B　体幹の解剖学的運動機能 …………………………………………………………… 89
　　C　体幹のファンクショナルアセスメント …………………………………………… 90
　　　1　フロントブリッジシングルアームテスト　Front Bridge (FB) Single Arm (SA) Test　90
　　　2　フォーポイントスクワットテスト　4 Points (pt) Squat (SQ) Test　91
　　　3　スタンディングソアステスト　Standing Psoas Test　92

4　フォーポイントヒップエクステンションニーフレクションテスト 4pt Hip Extension (Ext) with Knee Flexion (Flex) Test　94
D　体幹のファンクショナルトレーニングプログラミング ---------- 95
E　体幹のファンクショナルエクササイズ ---------- 96
　　1　フォーポイントトランクローテーション 4pt Trunk Rotation (Rot)　96
　　2　ペルビッククランチ Pelvic Crunch　97
　　3　ペルビックムカデ Pelvic MUKADE　97
　　4　体幹トレーニングの基本ポジション　98

Ⅴ 下肢のファンクショナルトレーニング　125

A　下肢のファンクショナルトレーニングの基礎 ---------- 126
B　下肢の解剖学的運動機能 ---------- 127
C　下肢のファンクショナルアセスメント ---------- 129
D　下肢のファンクショナルトレーニングのプログラミング ---------- 129
E　下肢のファンクショナルエクササイズ ---------- 130
　　1　下肢のフレキシビリティ，モビリティ，スタビリティトレーニング　130
　　2　下肢のストレングスエクササイズ　144
　　3　下肢のパワーエクササイズ　153

　　索引 ---------- 161
　　編者・執筆者略歴 ---------- 166

付録 DVD について
付録 DVD には，ファンクショナルトレーニングを理解していただくために，本書に掲載されているアセスメントとエクササイズの一部を収載しております．　（撮影協力：R-body project）

I

ファンクショナルトレーニングとは

A　動作の重要性

　日本における「トレーナー」とよばれる人々のなかには，アスレティックトレーナー，ストレングスコーチ，コンディショニングトレーナー，パフォーマンスコーチといった異なる職種の人々が存在し，免許・資格も理学療法士，鍼灸師，マッサージ師，柔道整復師，国内および海外のトレーナー資格取得者とさまざまである．

　このように職種や免許・資格が多種多様であることから，「トレーナー」として進むべき方向性も各自さまざまである．しかし，選手からみればトレーナーは「トレーナー」という職業でひとくくりである以上，そのあり方や心得は統一されているほうが望ましい．

　トレーナーは，応急処置やリハビリテーションに加え，選手の機能とパフォーマンスの向上をサポートすることが業務であることから，選手が望む機能やパフォーマンスにできるだけ早く，効率的に到達させる方法を常に考える必要がある．

　ではその方法とは何であろうか．現在，選手を取り巻く環境を考えると，アスレティックリハビリテーションからパフォーマンス向上のサポート過程において，選手1人に対し複数のトレーナーが関与するケースが一般的である．そのなかで，選手へのサポートのために必要とされる重要な要素は，第一に卓越したトレーナー技術と知識であり，それらを表現するコミュニケーション能力であることは間違いない．しかし，それだけでは，選手のより早い競技復帰，またはさらなる上のパフォーマンスの獲得を達成することはできない．複数のトレーナーが1人の選手の機能とパフォーマンスの向上を効率的にサポートするには，選手へ提供する情報の「一貫性」がトレーナー同士に必要であり，選手に不安を与えることのない統一感のあるアプローチが求められるのである．

　トレーナーが他のトレーナーと一貫性をもって選手にアプローチするためには何が必要であろうか．それは，お互いがコミュニケーションのなかで使用する「共通言語」であるといえる．各々のトレーナーがもっている高いレベルの知識・技術によって，最終的に選手のゴール（機能とパフォーマンスの向上）にたどり着かせるためには，自身が提供するものと他のトレーナーが提供するものを共有できる言語が必要であろう．

　図1に示すとおり，受傷から競技復帰までのサポート体制をみてみると，一昔前の体制では（図1①），メディカルリハビリテーションやアスレティックリハビリテーションをサポートしているトレーナーとパフォーマンス向上をサポートしているトレーナーの間で業務がオーバーラップしている部分が少なかった．しかし，現在の日本のトレーナー業務に改めて着目してみると，その部分が非常に多くなっている傾向にあることに気づく（図1②）．つまり，サポート体制のなかで，オーバーラップした部分が多くなり，トレーナー同士の共通言語の重要性が高まっているのである．では，トレーナー間において業務の一貫性をもたせるための共通言語とは何であろうか．

　共通言語，それは「動作」ではなかろうか．スポーツ傷害に対応し，機能とパフォーマンスの向上を図ることがトレーナーの使命であれば，選手の「動作」に何が起きているのかに着目し，「動作」に対して適切なアプローチができることがすべてのトレーナーにとって必要なこ

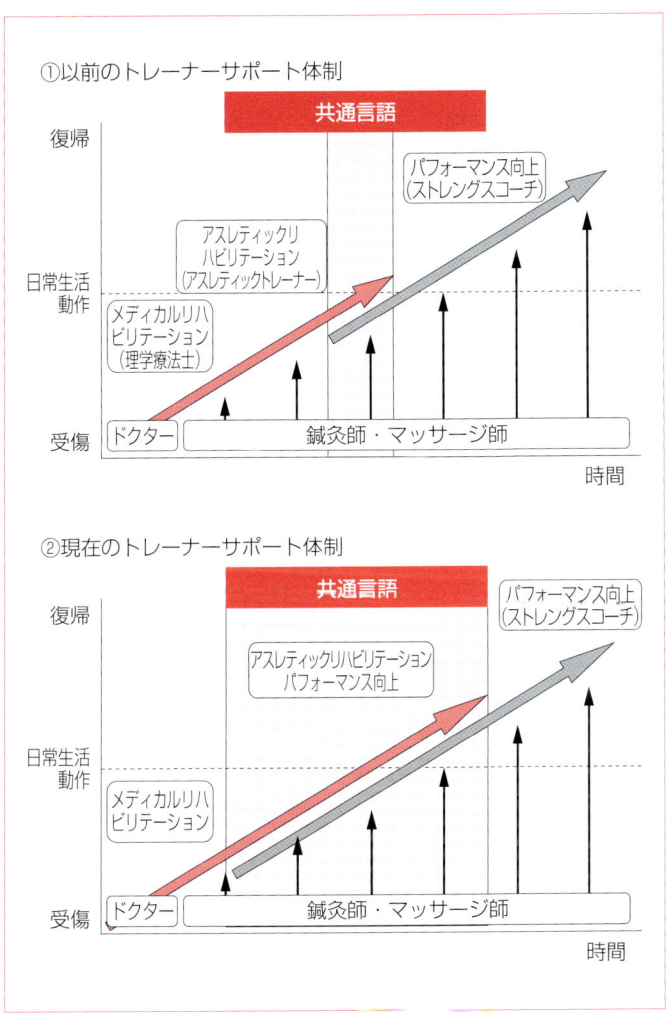

図1 トレーナー業務における共通言語

とであろう．

　リハビリテーションの過程で，受傷した選手へのアプローチといえば，以前は主に患部のみへの対応であった．しかしながら，受傷の原因が患部外である場合，患部外へのアプローチがこの問題の根本的な解決方法となることが多い．

　たとえば，膝前十字靱帯損傷の原因の一つが，股関節周囲筋の機能不全であるということはよく知られている．このことを踏まえると，受傷からの復帰や再受傷の予防のためには，トレーナーは受傷機転となる「動作」のメカニズムを機能解剖学に基づいて理解し，傷害発生の根本的な原因がどこにあるのかを検出したうえで，適切なリハビリテーション指導をする必要がある．

　パフォーマンス向上のためのコンディショニングトレーニングやストレングストレーニングに関しても同様のことがいえる．筋力，パワー，スピードの向上のためにさまざまなトレーニングが実施されているが，負荷やスピードなどのバリエーションだけでなく，選手一人ひとりの特徴や競技特性を踏まえたトレーニングが必要になる．そのためには，選手自身の動作の癖

や競技動作のメカニズムを機能解剖学的に理解し，それをトレーニングに反映しなければならない．

　以上のことから，図1②のように拡大しているオーバーラップ部分で共通して必要とされているものは機能解剖学的な動作解析能力であり，選手の機能改善からパフォーマンス向上までの過程のなかで関わるすべてのトレーナーに必要な共通言語とは，「動作を見ること」であり，「動作を踏まえた運動指導」であるともいえる．

B ファンクショナルトレーニングの定義

　「動作」が選手をサポートするための共通言語であるといったが，ではその「動作」に着目するということはどういうことであろうか．

　スポーツには競技種目によって特徴的な動作がある．したがって，パフォーマンス向上のためには，その競技特性を踏まえてトレーニングを行う必要がある．従来より，野球選手がより速い球を投げるために，陸上選手がより速く走るために，各競技の選手やコーチが競技独自のトレーニング方法を考案し実施しているが，それらは競技特性に着目し，パフォーマンス向上のために改良が加えられた素晴らしい産物である．その産物にはときとして競技に特化しすぎるがために他の競技ではまったく使われないものもあるが，逆に，表現方法は競技によって異なっても「身体の機能」という視点から考えると他競技と共通しているものも多くある．

　競技間で共通して良しとされるトレーニングとは，効率的な動作，パフォーマンスの高い動作，けがの危険性が少ない動作であるといえる．つまりこれが，ファンクショナル（機能的）な動作である．機能解剖学的に着目すると，競技にかかわらず，ファンクショナルな動作が競技力を向上させているのである．このことから，選手は機能とパフォーマンスの向上のためにファンクショナルな動作の習得とそれを用いたトレーニングを実施する必要があろう．また，トレーナーにとってもファンクショナルな動作を理解する必要があり，そうなってはじめてファンクショナルトレーニングは，トレーナー間での共通言語となる．

　近年，ファンクショナルトレーニングに関する情報は世界中から得られる．「ファンクショナルな動きとは，減速，固定，加速を伴った多面的な運動がキネティックチェーン内のすべての関節で起こるものであり，この動作がさまざまな体位のいろいろなスピードで起こるものである」（NASM, 2002），「多くの筋群を動作パターンに統合していく多関節運動は機能的である」（Gambetta and Gray, 2002），「ファンクショナルな動作は，適切な関節が，適切な可動域内において適切なタイミングと適切な強度で利用されたときに実現する」（Gary Gray, 2008），「ファンクショナルトレーニング＝"動作"のトレーニング」（Michael Boyle, 2004）など，海外の文献が発表されているが，それらの多くが抽象的に表現されており，実際，「ファンクショナルトレーニングとは」という問いに具体的に答えて定義づけている文献はほとんどない．しかし，これまでの文献をレビューし，機能解剖学に基づいた視点で人の動作に着目すると，ファンクショナルな動作には，競技種目にかかわらず共通点が存在することがわかる．そこで本書では，以下の5つの原則をファンクショナルトレーニングの定義とし，そ

れぞれの原則について説明をする．

> ①重力（gravity）を利用する
> ②分離（dissociate）と協同（integrate）
> ③キネティックチェーン（kinetic chain）
> ④3面運動（3 dimension movement pattern）
> ⑤力の吸収（loading）と力の発揮（unloading）

C ファンクショナルトレーニングの5原則

1 重力（gravity）を利用する

　ほとんどのスポーツ動作における基本姿勢は立位である．立位から歩行動作，走動作，ジャンプ動作へと発展しスポーツ動作が成り立っている．これらの動作を改善するためにファンクショナルトレーニングを行うならば，ファンクショナルトレーニングは，立位動作にて加わる外力に耐えるためのトレーニングである．

　では，立位動作のなかで常に人間の身体に加わる外力とは何であろうか．それは「重力」である．重力は地球上で動作を行っている限り常に身体に負荷を与えている．それに対する人間は意識することなく重力に耐えるための筋活動を常に行っている．たとえば，トレーニングにてよく実施される腹筋運動は，背臥位にて腰椎を屈曲させる．その動作を座位にて実施してみると腹筋群を収縮させることなく実施することができる（図2）．なぜか．

　それは，この動作を作りだしたものが，筋ではなく重力だからである．しかし，座位から上体を後方に倒してみると腹筋群は自然に収縮する．このように人は重力に耐えなくてはならな

クランチ
重力に抗するために，意識的に腹筋群を収縮させている

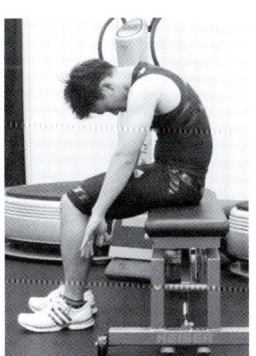
座位でのクランチ
腰椎の動きはクランチと同じ動作であるが，腹筋群が収縮せずとも動作可能

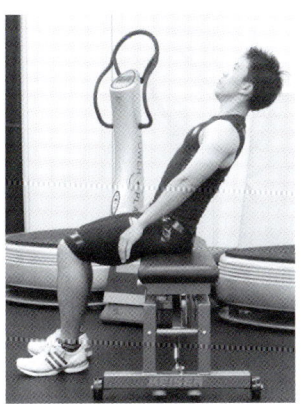
後ろ倒れ
意識することなく，自然に腹筋群が収縮

図2　重力

い動作を行う際に無意識に筋活動を行う．機能解剖学では，大殿筋の主な機能は股関節の伸展（コンセントリック収縮）とあるが，実際には立位動作のなかで大殿筋は歩行時における踵部接地期および立脚中期に発生する股関節の屈曲に対してエキセントリック収縮をすることで機能しており，重力に耐えるために無意識に筋活動を行っている．このことを考慮すると，ファンクショナル動作を改善するためのトレーニングでは，常に重力を考慮した動作に着目するべきであろう．

❷ 分離（dissociate）と協同（integrate）

Gary W. Grayが「ファンクショナルな動作は，適切な関節が，適切な可動域内において適切なタイミングと適切な強度で利用されたときに実現する」というとおり，多くの関節が正常可動域内で動作を行うことができれば，人間が本来もっている関節の機能を最も有効的に活用しファンクショナルな動作が実現できるはずである．

各関節によって可動域は異なるので，役割も異なる．役割を大きく分けると，大きな動きに適している関節をモビリティ関節（mobility joint），適していない関節をスタビリティ関節（stability joint）とすることができる．Gray CookやMichael Boyleは，モビリティ関節とスタビリティ関節は人間の関節に交互に存在するといっている（表1）．

表1 分離（dissociate）の役割

正常なパターン	
足部	スタビリティ関節
足関節	モビリティ関節
膝関節	スタビリティ関節
股関節	モビリティ関節
仙腸関節/腰椎	スタビリティ関節
胸椎	モビリティ関節
肩甲胸郭関節	スタビリティ関節
肩甲上腕関節（肩関節）	モビリティ関節
肘関節	スタビリティ関節
手関節	モビリティ関節
頸椎	スタビリティ関節

(Gray Cook, Michael Boyle：Mobility vs. Stability Alternating Patterns)

代表する例として，胸椎と腰椎・骨盤と股関節とは隣り合い，腰椎・骨盤はスタビリティ関節でそれをはさむ股関節と胸椎はモビリティ関節となる．ファンクショナルな動作を行うためには，モビリティ関節には「動き」，スタビリティ関節には「固定」の機能をしっかり役割分担して分離（dissociate）させる必要がある．また，機能を分離させて動かした関節は，ファンクショナルな動作のなかではそれらが同時に活動し，協同（integrate）されなければならない．

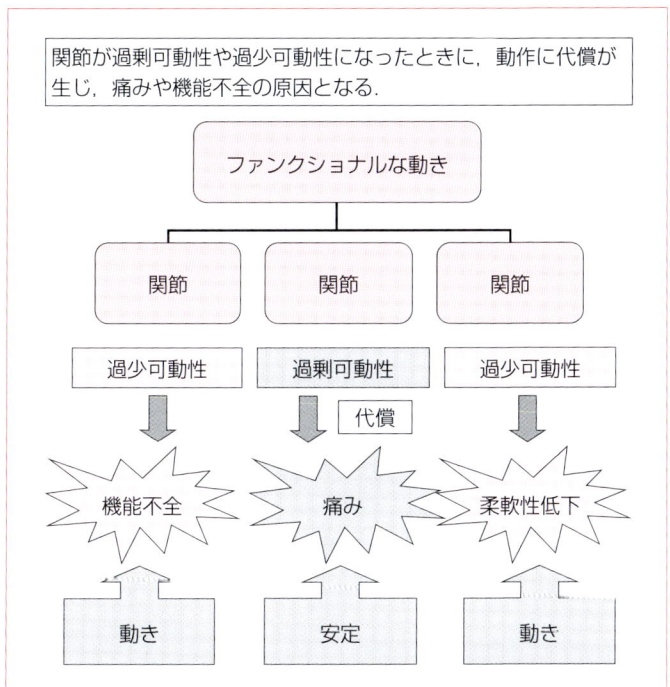

図3 分離（dissociate）と協同（integrate）

Gary W. Gray は"mostability"という造語を作り，「動作における関節の動き（mobility）を機能させるには，隣り合う関節の安定性（stability）が必要である」といっている．各関節に役割を認識させ，その関節を各々分離させながら，複数の関節を同時に協同させることが必要であるということである．

　たとえば，ランニング動作では膝を上げた状態から踵部接地を行い，その後，足趾離地を行うが，膝を上げて股関節屈曲を行う際に体幹（骨盤・腰椎）が不安定であると，腰椎が屈曲して股関節屈曲が適切に行われない．また，ランニングの際に手を振る動作があるが，その際に胸椎のモビリティが低いと上半身の回旋動作を胸椎にて実施することができず，腰椎での代償動作を発生させ，体幹の不安定につながってしまう．

　柔軟性についても同様なことがいえる．ハムストリングスの柔軟性を測定する際に背臥位になり SLR（Straight Leg Raise）を行うが，ファンクショナルな柔軟性を測定するのであれば，同じ動作を立位で行うべきであろう．なぜならば，ハムストリングスの筋そのものに柔軟性があったとしても，股関節屈曲を行う際に，体幹の安定性が低ければ動作にてその柔軟性を最大限に機能させることはできないからである．

　このように，モビリティ関節の可動性の低下，スタビリティ関節の安定性の低下，または，モビリティ関節とスタビリティ関節の協同動作の不全が，各関節に過剰可動性（hypermobility）や過少可動性（hypomobility）を起こしファンクショナルな動作の欠如を生じさせることから，分離（dissociate）と協同（integrate）の機能はとても重要で，スポーツ動作の基盤となる（図3，4）．

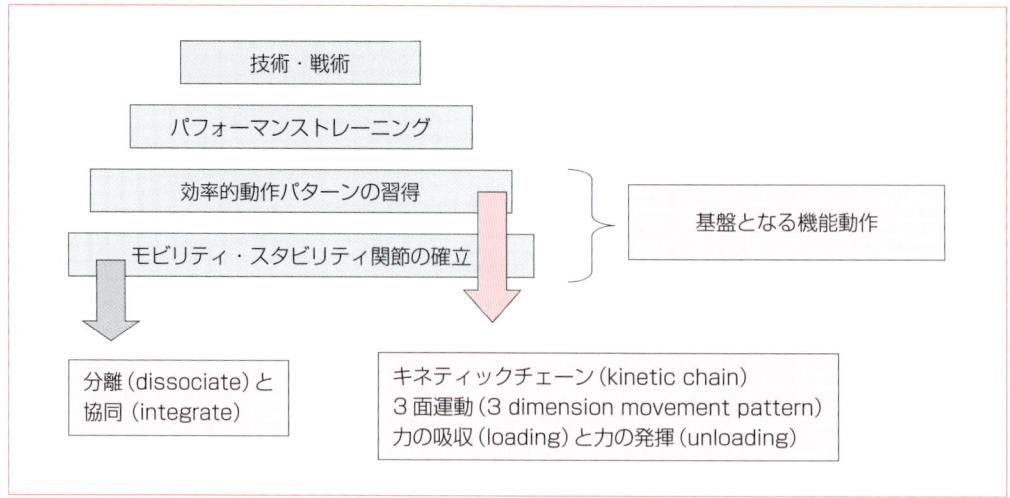

図4　スポーツ動作とは (Gray Cook, 2004)

❸ キネティックチェーン（kinetic chain）

　キネティックチェーンは運動連鎖という言い方でもなじみがある．「Closed Kinetic Chain Exercise」の原著者の1人であるTodd S. Ellenbeckerは，動作は1つの筋だけでは行われておらず，多くの筋が連動して起きているといっている．力は地面から下肢，殿部，体幹，上肢へと伝わっていくため，そのつながりが途中で途切れてしまうと，エネルギーがそこで止まり，順に連動していてもどこかが弱ければ，そこを通って力が伝わるのに時間がかかると説明している．しかし，キネティックチェーンにおいてどの筋とどの筋がどこで連鎖しているかというところまでは言及してはいない．最近では，Thomas W. Myersはロルフィングの手法から生まれた筋膜によるキネティックチェーンを考案している．身体はそもそも筋膜ですべてつながっているが，そのなかでも筋膜のつながりの強い筋同士が連鎖を起こしやすいのではないかと検証している（図5）．このことを踏まえると，筋膜を介して関連性の高い筋群を同時にトレーニングすれば，発揮された筋力がより効果的に使われファンクショナルな動作が実現すると考えられる．また，National Academy of Sports Medicine (NASM) の理学療法士Micheal A. Clarkによると，キネティックチェーンとは，①軟部組織（筋，筋膜，腱，靱帯）の正常な働き，②関節運動を含めた正常なバイオメカニクス，③神経系の正常な働き，④心肺機能や代謝の正常な働き，の要素によって構成され，これらが協調して働くことで，ファンクショナルな動作が生まれるといっている．

　以上のことから，キネティックチェーンは，身体全体に存在し機能していると考えられる．

❹ 3面運動（3 dimension movement pattern）

　スポーツにおける動作は基本的に3面（矢状面，前額面，水平面）で成立しているため，その機能を改善するファンクショナルトレーニングも3面で実施すべきである（図6）．歩行は3面

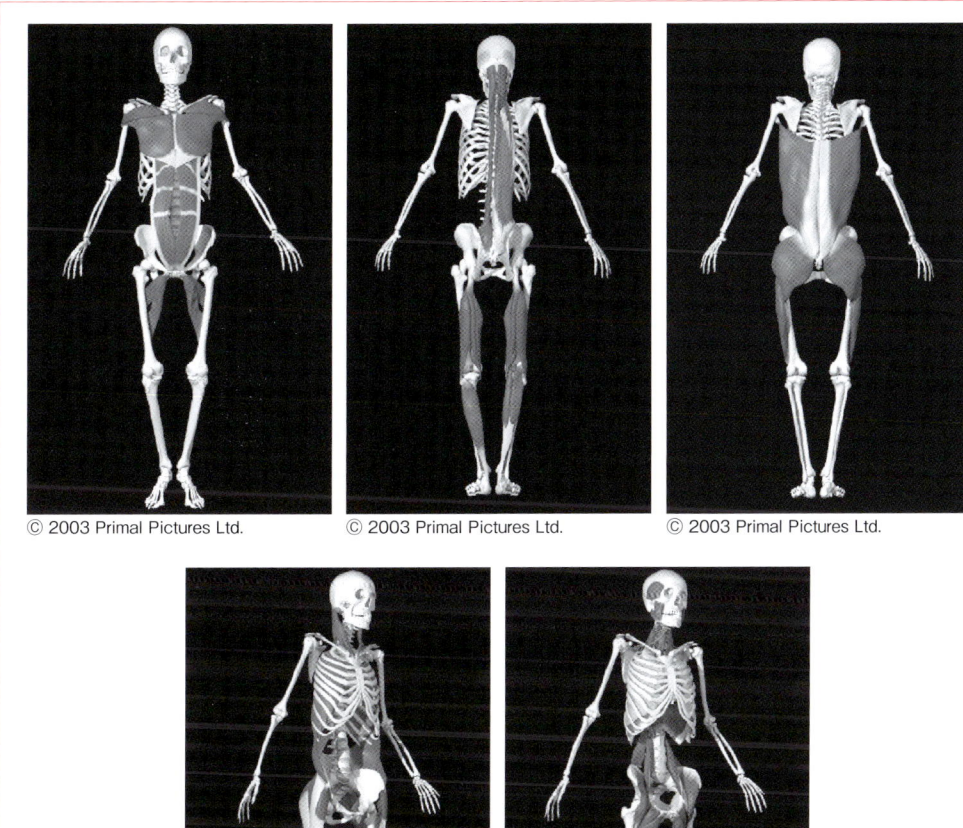

Anatomy Train (Myers, 2001) による, 筋膜からなるキネティックチェーンの例

図5 キネティックチェーン (kinetic chain)

運動の代表例であり, 矢状面にて手足が動くなかで, 骨盤や脊椎は水平面にて回旋している. 加えて, 踵部接地期から立脚中期の間では股関節内転による前額面の動きも生まれている.

5 力の吸収 (loading) と力の発揮 (unloading)

私達は無意識のうちに実施する動作の前に, その動作と反対方向への動作を先に行うことがある. 典型的な例としてジャンプ動作があるが, 高くジャンプしようとすれば人は無意識に一度しゃがみこむ. これは力の発揮 (unloading) の前に, 力の吸収 (loading) を行っているので

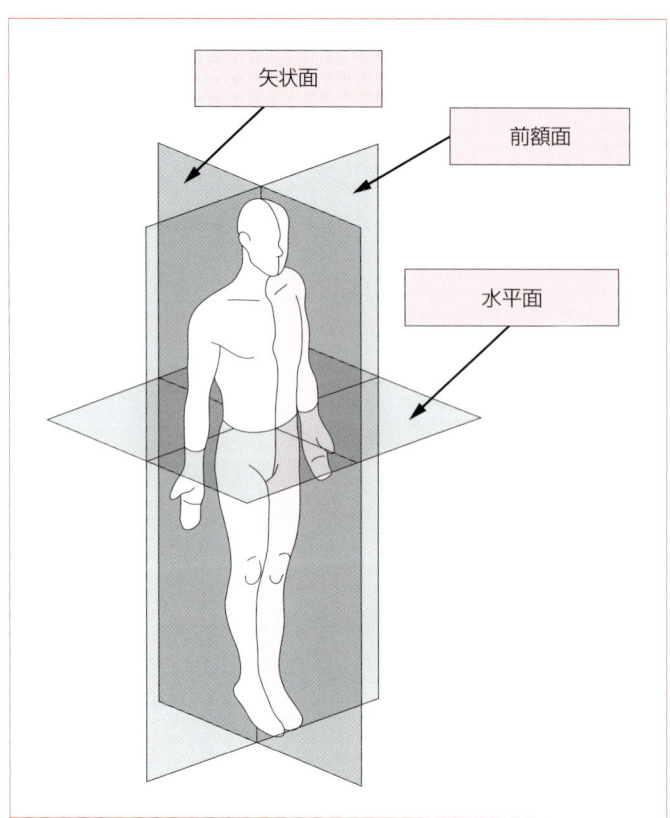

図6 動きの基本面（3面）

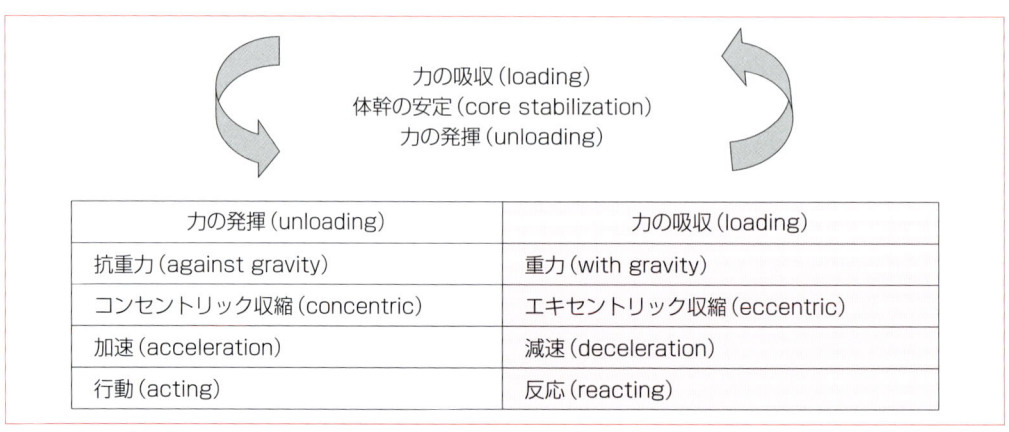

図7 力の発揮（unloading）と力の吸収（loading）の特徴 (NASM and Vern Gambetta)

ある（図7）．力の吸収では，重力を利用して関節を動かし，その後コンセントリック収縮をする筋にあらかじめエキセントリック収縮をさせているのである．これによって筋や腱はゴムが伸ばされたような状態となり，その反動でコンセントリック収縮の力が発揮されるのである．

　これはプライオメトリックトレーニングの原理やチーティングといわれるトレーニング時に

おける動作と同じである．プライオメトリックトレーニングで行うデプスジャンプでは，着地から瞬間的に力の発揮を行うことが重要であり，エキセントリック収縮からコンセントリック収縮に切り替わる瞬間(時間)がポイントとなる．チーティングにおいても，アームカールにてダンベルが持ち上がらない場合，瞬間的に体幹を伸展することで上腕二頭筋をエキセントリック収縮させてその反動で重量を挙げているのである．

歩行について考えると，ファンクショナルトレーニングの法則①(重力)でもあるように，大殿筋のコンセントリック収縮での主な機能は股関節の伸展であるが，足趾離地期に大殿筋をコンセントリック収縮させて股関節を伸展させる前に，踵部接地期に，重力によって股関節が屈曲するのに対してエキセントリック収縮をしているのである．また，大腿四頭筋の機能は膝関節の伸展であるが，歩行においては遊脚相(swing phase)で膝関節を伸展するために機能しているというよりは，踵部接地期に膝関節が重力によって必要以上に屈曲しないようエキセントリック収縮にて重力に抵抗しているのである．

歩行時の大殿筋は重力によって股関節が屈曲されて力の吸収(loading)された直後に力の発揮(unloading)により股関節伸展を促す．そしてさらに，股関節伸展時には，同時に腸腰筋の力の吸収(loading)が行われ，そこから股関節屈曲の力の発揮(unloading)へと続くのである．

このように，自分がもっている筋力でより効率的に力を発揮(unloading)するには，事前に力の吸収(loading)を行うことが必要であることから，ファンクショナルな動作を達成するためのトレーニングも力の吸収(loading)に着目し実施すべきである．

ファンクショナルな動作では，5つの原則は独立することなく相互に関わり合いながら作用していることから，

> スタビリティ関節とモビリティ関節が関節ごとに分離して機能し，キネティックチェーンにて協同して機能する(動作が生じる)．その動作は3面運動(3 dimension)であり，力の発揮(unloading)の前に必ず力の吸収(loading)が行われる

と定義され，この原則に着目してトレーニングを実施することが望ましいといえるだろう．

以上説明してきたように，アスレティックリハビリテーションとパフォーマンストレーニン

エクササイズはトレーニングとして使える("Exercise is training")

エクササイズはアセスメント(評価)として使える("Exercise is assessment")
エクササイズはセラピーとして使える("Exercise is therapy")

エクササイズは薬でもある("Exercise is medicine")
エクササイズは"機能的"であるべき("Exercise is functional")

図8 "Exercise is medicine"(エクササイズは薬でもある)

グの垣根を越えて共通言語となるのは「動作」である．その動作の習得には「エクササイズ (exercise)」が必要なのである．そしてエクササイズが機能的なもの(Exercise is functional) であれば，そのエクササイズは同時に効果的なトレーニング手段となる(Exercise is training)．またトレーナーが，そのエクササイズが選手にとってファンクショナルであるかどうかを'目利き'することができれば，そのエクササイズによる動作のチェックが選手の身体の評価にもなる(Exercise is assessment)．そして，その動作がファンクショナルでないことで痛みを抱えているならば，動作を修正し，正しい動作の習得へと導くことが，選手がもつ傷害への根本的セラピーにもなりうる(Exercise is therapy)．すなわち，エクササイズが機能的であればエクササイズは薬(Exercise is medicine)となるのである(図8)．

D ファンクショナルトレーニングの基礎知識
―アナトミカルキネシオロジー―

　動作を行うためには，解剖学的で生理学的なさまざまな要素が個々に働くのではなく，すべてが協調しながら最大限の働きをすることによって，機能的でけがの少ない動作を生みだすことができる．機能的な動作に必要な解剖学的で生理学的な要素には以下のものが含まれる．

① 軟部組織(筋，筋膜，腱，靱帯)の正常な働き
② 関節運動を含めた正常なバイオメカニクス
③ 神経系の正常な働き
④ 心肺機能や代謝の正常な働き

　本書では，動作を直接作りだすために必要な要素である，軟部組織(主に筋)の働き，関節運動を含めたバイオメカニクスおよび神経系の働きについて説明をする．心肺機能や代謝の働きについては，他の要素をコントロールしサポートするのに大変重要であるが，動作を直接作りだす要素にはならないのでここでは省略する．

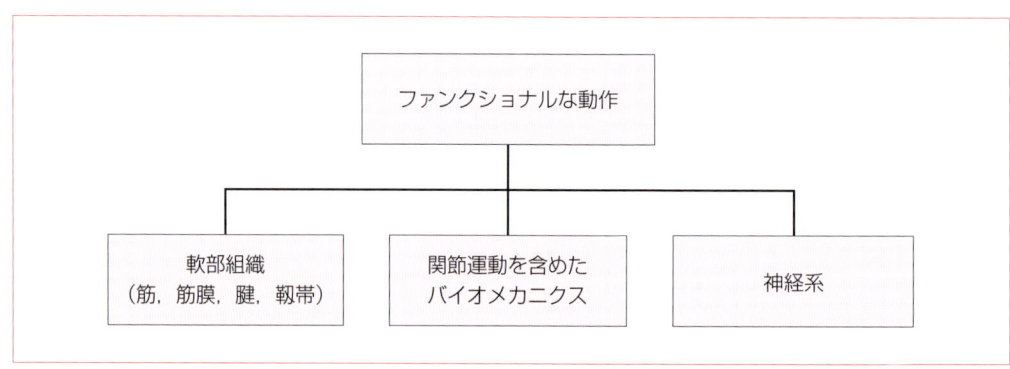

図9　キネティックチェーン
(National Academy of Sports Medicine (NASM)：Performance Enhancement Specialist (PES) Home Study Course Manual. NASM, 2001. より)

NASMの理学療法士Micheal A. Clarkは，キネティックチェーンとは軟部組織，関節運動を含めたバイオメカニクス，神経系によって構成されており，これらが協調して働くことによって，機能的で効率のよい動作が生まれると述べている．よってファンクショナルトレーニングをプログラムするうえでこれらの要素をしっかり理解することは，効率的で効果的なプログラムを作るための大きな鍵になる(図9)．

1 軟部組織(筋)の機能と働き

人体には約650もの筋が存在し，それらが収縮や弛緩を繰り返すことによって関節を動かし，結果として動作が生まれる．前項でも述べたように，動作は力の吸収(loading)と力の発揮(unloading)を伴った3面運動(3 dimensional)であり，加えてさまざまなスピードと体位で生じる．そのために，1つの筋だけが動員されているのではなく，スムースな動作を作るために必要で最適なグループとして働く協力筋群(muscle synergies)を中枢神経系が選ぶようになっている．

また，筋や関節にある固有受容器は，重力，慣性，床反力，そして他の筋によって生まれた力などの情報を中枢神経系に伝達・処理して，必要で最適な筋収縮を行うようにする．

ⓐ 筋の働き

上記のとおり，ファンクショナルな動作では，力の強さ，動きの方向，抵抗の方向，体位などによって，筋の働きが刻一刻と変化する．NASMでは筋の働きを以下の5つに分類している．

① 主働筋(agonists)：動作を行うための主となる筋 ［例］大殿筋は股関節伸展における主働筋の役割を果たす．
② 拮抗筋(antagonists)：動きに対して反対の動きを生む筋 ［例］肘関節屈曲において上腕三頭筋は，主働筋である上腕二頭筋の拮抗筋の役割を果たす．
③ 協力筋(synergists)：主働筋を補助する筋 ［例］股関節伸展においてハムストリングスと脊柱起立筋群は，大殿筋の協力筋の役割を果たす．
④ 固定筋(stabilizers)：主働筋や協力筋によって生みだされた力を効率よく使うために体(関節)を安定させる筋 ［例］主働筋や協力筋によって生みだされる動作において，腹横筋，内腹斜筋，多裂筋，深部脊柱起立筋は体幹の固定筋の役割を果たす．
⑤ 中和筋(neutralizers)：他の筋の収縮によって生まれた望ましくない動きや力に対抗する筋 ［例］大腰筋や脊柱起立筋の収縮によって生まれるL5-S1の剪断力に対して，多裂筋は収縮によってそれを元の位置で安定させる役割を果たす．

(National Academy of Sports Medicine (NASM)：Performance Enhancement Specialist (PES) Home Study Course Manual. NASM, 2001. より)

これまでの伝統的なウエイトトレーニングでは，体の動きを固定したまま体の一部だけを主に1面的(矢状面)で動かすトレーニングが多く行われてきた．たとえば代表的なレッグエクステンションマシーンでのトレーニングでは，体幹と股関節が固定された状態で膝を伸展させ

る運動であるが，この運動では主働筋である大腿四頭筋のみの収縮が矢状面のみで行われている．しかし実際の動作（ファンクショナルな動作）においてはこのような単純な筋の働きはほとんどない．ファンクショナルトレーニングでは，動作を遂行するために，単一の筋（群）だけでなく複数の筋群が統合的に働きを作る．以下がトレーニングにおけるさまざまな筋の統合的な働きの例である．

運動	主働筋	協力筋	安定筋	中和筋
ベンチプレス	大胸筋 小胸筋	三角筋前部 上腕三頭筋	ローテーターカフ 上腕二頭筋	前鋸筋
スクワット	大殿筋 大腿四頭筋	大腿後部筋群 腓腹筋群 後脛骨筋	長母趾屈筋 前・後脛骨筋 体幹深部筋群	股関節内転筋群 股関節外転筋群 内・外腹斜筋群
ランジ	大殿筋 大腿四頭筋	大腿後部筋群 下腿三頭筋	体幹深部筋群 前・後脛骨筋	股関節内転筋群 股関節外転筋群 内・外腹斜筋群
ローイング	菱形筋 広背筋	上腕二頭筋 上腕筋 三角筋後部	体幹深部筋群 脊柱起立筋 ローテーターカフ	内・外腹斜筋群 大胸筋

ⓑ 筋の機能のカテゴリー分け

それぞれの筋は，大きさや形，付着している位置，収縮の形態などにより，

① ローカルスタビライザー
② グローバルスタビライザー
③ グローバルモビライザー

にカテゴリー分けされており，ファンクショナルトレーニングを行ううえで，それらを理解することはとても重要である（図10）．Comerford and Mottram（2001）は，悪い姿勢や動作のパターンによって筋が正常に機能しなくなり，それが結果的にけがや痛みを生み，最終的に機能障害（movement dysfunction）を招くと述べている．よって，それぞれの筋のカテゴリーを十分理解することにより，けがをしない，よりよい動作を生むトレーニングをデザインすることができる．

● ローカルスタビライザー

ローカルスタビライザーは体の最も深層部に位置する単関節筋であり，筋の付着部が関節に近いのが特徴である．持続的で筋出力の小さい収縮が関節のすべての動きに対して起こる．ローカルスタビライザーは動作の起こる直前に筋収縮を開始し，それにより関節を固めて安定させ，関節のニュートラルポジションを保つ役割を果たしている．筋の出力は小さいため，これらの筋の収縮のみでは関節の動きを生みだすことはできない．また痛みや浮腫によりこれらの筋は制御能力が落ち，筋活動の低下が起こるという特徴もある（arthrogenic muscle

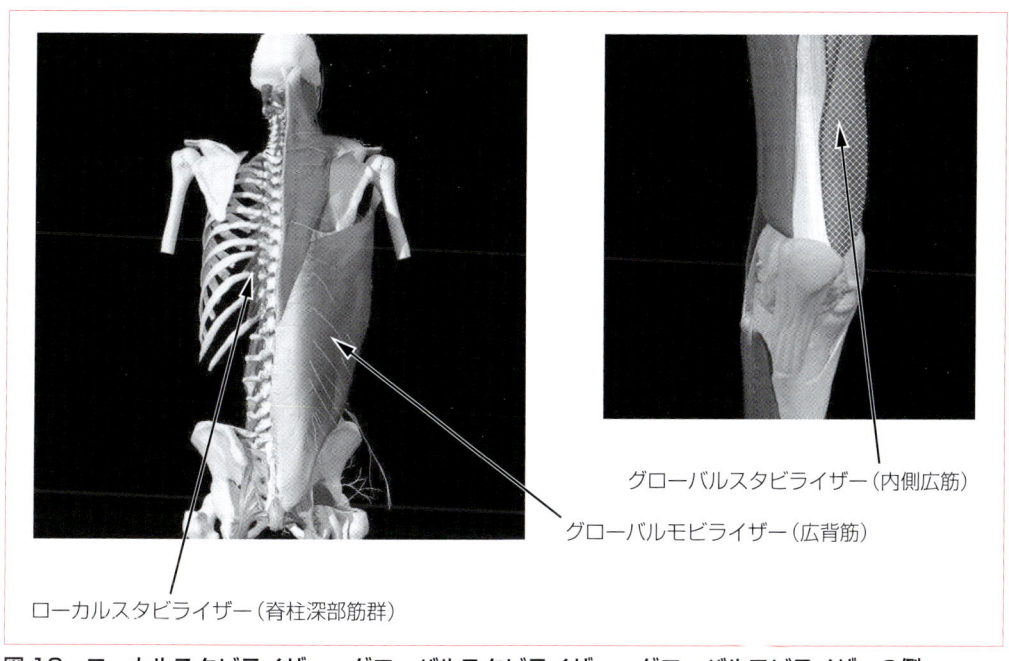

図10　ローカルスタビライザー，グローバルスタビライザー，グローバルモビライザーの例

inhibition）．代表的な筋としては，多裂筋や回旋筋などの脊柱深部筋群がある．

●グローバルスタビライザー

　グローバルスタビライザーは体の浅層部に位置する主に単関節筋であり，エキセントリック収縮により回旋モーメントを作りだし機能的に関節の動きを安定させ，コントロールする役割を果たしている．動作のなかでは力の吸収（loading）時に機能する筋である．内側広筋や後脛骨筋などが代表的な筋である．

●グローバルモビライザー

　グローバルモビライザーは体の最も浅層部に位置する二関節/多関節筋であり，筋の長さが長く，コンセントリック収縮により主に屈曲/伸展といった矢状面において大きな力と動きを生み，四肢を動かす役割を果たしている．動作のなかでは力の発揮（unloading）時に機能する筋であり，これらの筋が正常に機能するためには筋の正常な長さが必要である．代表的な筋としては，大胸筋や大腿直筋，上腕二頭筋などがある．

❷　関節運動を含めたバイオメカニクス

　人体に多数ある関節の周りには関節包，靱帯，腱，筋があり，それらによって関節に安定性と動きがもたらされている．ファンクショナルトレーニングの第2の原則である分離（dissociate）と協同（integrate）に基づけば，機能的な動作を作るためには，各関節の正常な安定性（stability）と動き（mobility）が重要になる．加えて，動作のなかで足関節，股関節，胸郭関節，肩甲上腕関節（以下，肩関節）の正常な可動域が保たれることも機能的な動作のために重

要である．しかし，筋の短縮，関節包の拘縮，骨の変形，靱帯や腱の弱化，およびローカルスタビライザーの機能が正常でない場合，関節運動は正常に行われず，結果的に機能的でない動作を作りだす大きな要因となる．

ファンクショナルトレーニングの第5の原則である力の吸収 (loading) と力の発揮 (unloading) に基づけば，たとえば歩行時の踵部接地 (loading期) に，下肢の各関節で以下の動きが正常な可動域でタイミングよく起こるのが理想的である．

足部	足関節	膝関節	股関節
背屈	背屈	屈曲	屈曲
外返し	外返し	内転	内転
外転	外転	内旋	内旋

(National Academy of Sports Medicine (NASM)：Performance Enhancement Specialist (PES) Home Study Course Manual. NASM, 2001. より)

また，歩行の立脚中期から足趾離地まで (unloading期) には，下肢の各関節で以下の動きが正常な可動域でタイミングよく起こるのが理想的である．

足部	足関節	膝関節	股関節
底屈	底屈	伸展	伸展
内返し	内返し	外転	外転
内転	内転	外旋	外旋

(National Academy of Sports Medicine (NASM)：Performance Enhancement Specialist (PES) Home Study Course Manual. NASM, 2001. より)

たとえば，歩行時のloading期において何らかの原因で，足関節に背屈や外返しの可動域制限が起こっていると，他の関節 (特に足部や膝など隣接する関節) は，足関節で減少した動きを補うために，より大きく動こうとする代償運動を起こす (足部の過伸展や膝関節の過屈曲など)．そうなると代償運動を起こした関節の周りにある軟部組織にはより多くのストレスがかかるのは想像できるが，このストレスが繰り返されることによって，組織の炎症，弱化，拘縮を生み，最終的に痛みが発生することにつながる．また，正常な関節運動が低下すると，その関節運動をコントロールするローカルスタビライザーの機能低下が起こり活動が抑制される (arthrogenic muscle inhibition)．例としては，仙腸関節の正常でない動きが，その周りにある多裂筋の収縮を抑制する．

以上のコンセプトを踏まえると，足関節の背屈制限が常に起こっているハイヒールや，固定のための足関節テーピング，長期間のギブス固定などによって，正常な関節運動での力の吸収 (loading) と力の発揮 (unloading) ができず，他の関節やそれに伴う軟部組織に過剰なストレスがかかり，結果的に障害を生む可能性がある．

動作において，より強い力の吸収 (loading) が筋のエキセントリック収縮で起これば，より強い力の発揮 (unloading) が生じる．逆に何らかの原因で関節の動きに制限があると，筋のエキセントリック収縮によって起こる最大の力の吸収 (loading) が起こらず，それらは最大の力

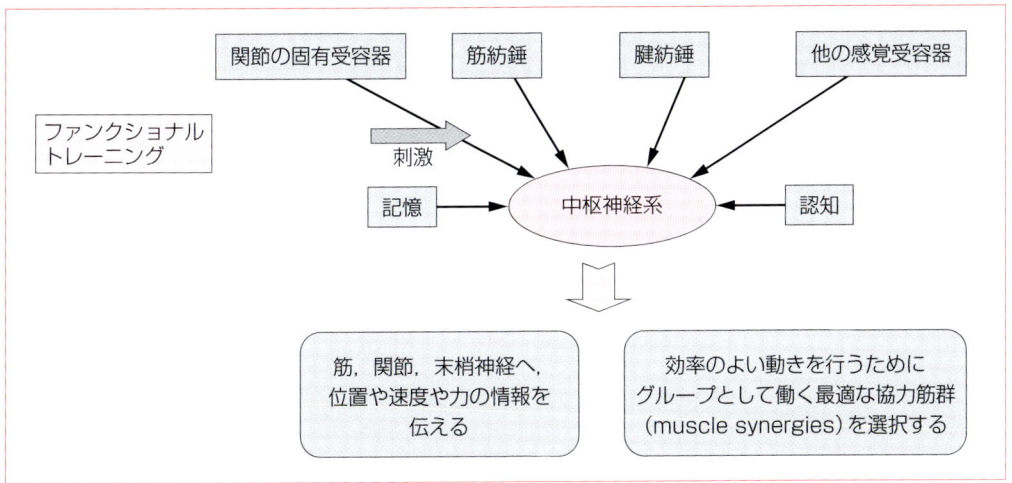

図11　神経系の働き

の発揮(unloading)を生まないばかりか，筋機能のアンバランスを起こし，結果的に障害を生むことにつながるであろう．よって，ファンクショナルトレーニングでは，動作における関節運動やバイオメカニクスを理解してトレーニングを行うことがとても重要になる．

3 神経系の働き

　動作は常に中枢神経系によって支配されている．中枢神経系は視覚，聴覚，感覚，触覚，認知，記憶などあらゆる情報を取り入れ，それらを処理，統合し，各器官へフィードバックして動作に関与している．体には数多くの(固有)受容器が存在し，それらが刺激を多く受ければ受けるほど，中枢神経系への情報量が増加し，筋や関節などへ伝わるフィードバック情報量が増加することになる．先にも述べたように，動作を行うときには，決してひとつではなく複数の筋が協同してタイミングよくそれぞれ筋収縮を起こしてスムースな動作を作りだすが，中枢神経系から筋や関節へ送られる情報量が増加すると，より効率のよい協力筋群や関節の動作を選択することができる．赤ちゃんのハイハイから歩行までの過程や，自転車の乗り方を覚える過程でもそうであるが，バランスを崩し失敗しながらでもその動作を繰り返していると，いつのまにか自然にできるようになるということが起こる．これは，各器官の(固有)受容器が失敗から得た情報を中枢神経系に送り，記憶や認知の情報とともにフィードバックして，次から効率のよい動作をするために最適な協力筋群を選択するようになることで生じる(図11)．

　以上のことより，神経系の働きを理解することはファンクショナルトレーニングを行ううえでとても重要であり，各器官の(固有)受容器がより多くの刺激を受けられるようなファンクショナルトレーニングを行うことは，効率のよい機能的な動作を生みだすためには必要不可欠なものになる．

〈鈴木　岳・北川雄一〉

参考文献

- Comerford J. M, Mottran L. S：Movement and stability dysfunction-Contemporary developments. Manual Therapy, 2001；6(1)：15-26.
- Gray Cook：Athletic Body in Balance. Human Kinetics, 2003.
- Gary W. Grayと鈴木岳のパーソナルコミュニケーションによる，2008.
- Michael Boyle：Functional Training for Sports. Human Kinetics, 2004.
- Micheal A. Clark, Alan M. Russell：NASM OPT Optimum Performance Training for the Performance Enhancement Specialist, 2002.
- Thomas W. Myers：Anatomy Trains. Churchill Livingstone, 2001.
- Todd S. Ellenbecker, George J. Davies：Closed Kinetic Chain Exercise. Human Kinetics, 2001.

II

ファンクショナルトレーニングのプログラミング

A　プログラミングの基礎

　ファンクショナルトレーニングにおける一番のゴールは，「動作」を機能的に向上させることである．このことを念頭に置いてトレーニングのプログラミングを行うのであるが，プログラミングするにあたり，I章で述べたファンクショナルトレーニングの5原則を十分に理解し，トレーニングにこの原則のコンセプトを埋め込んでいく必要がある．

　「動作」を機能的に向上させることにより，非機能的な動作によって生じていた痛みやけが，効率の悪い動きを改善させることができ，またそれが筋力，パワー，スキルの向上，最終的にパフォーマンスの向上やけがの予防につながると期待できる．

　従来のプログラミングでは，いかに筋を大きくしてスピードやパワーを増すかということに重点が置かれており，その選手の身体のどこが弱くて非機能的であるか，および何を必要としているかということについてはあまり評価しないままであった．このようなトレーニングプログラムによって，筋は大きくなり，力も強くなるであろうが，筋の使い方が習得されないままで，競技で要求される動作に悪影響が出たり，けがが起こりやすくなったりしてしまうということが考えられる．

　このようなことを避けるために，トレーニングをプログラミングする際には，まずトレーニングする人の動作をしっかり分析し評価（アセスメント）することが重要である．人によって姿勢や動き方が違うので，このアセスメントによって，どこが弱くて非機能的な動作になっているのかをチェックし，その後のトレーニングプログラムを立てる際の指標とする．

　ファンクショナルトレーニングを行っていると，体の弱い部分や非機能的な部分を補おうとする代償運動が生じる場合がある．代表的な例として，片足スクワットのエクササイズでは膝が不安定なため内側に入ったり，体幹が外側に流れながらバランスをとったりしている場合がある（図1）．このように下肢や体幹のコントロールができないままトレーニングを遂行しよ

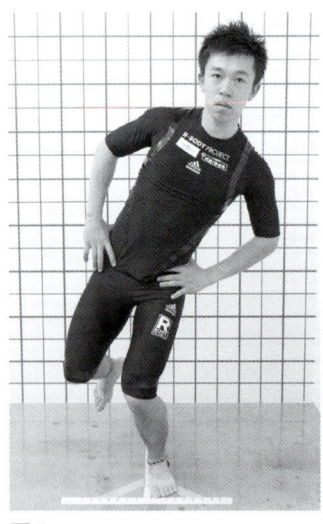

図1

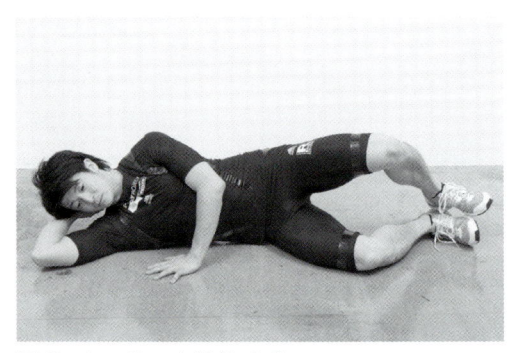

図2　シェルエクササイズ

うとすると，膝の内側や腰部の軟部組織にストレスが加わり，それが繰り返されると痛みやけがにつながるということは容易に想像ができる．

　この不安定な代償運動を生みだす大きな要因として同じ側（図1では左脚）の中殿筋の機能不全が考えられる．最終的にファンクショナルな動作を行うためには，中殿筋を単独で鍛えるために横に寝転んだ状態でのシェルエクササイズをする必要もある（図2）．一見するとファンクショナルなトレーニングにはみえないが，この筋を強くすることによって下肢の動きが安定し，結果的に機能的な動きを生みだすことができる．

　米国アリゾナ州にある Athletes' Performance の Mark Verstegen は，"isolation for innervation" という言葉を使って，機能的な動作を獲得するためには筋を単独で鍛えることも重要であるといっているが，横に寝転んで単独の筋を鍛えるシェルエクササイズも，結果的に機能的な動きを作りだすためのファンクショナルトレーニングになる．

　シングルレッグルーマニアンデッドリフト（SL Romanian Dead Lift）というエクササイズの例では，正しいフォームは正面からみると股関節の回旋が起こっておらず上半身，下肢ともに安定している（図3）．しかし，このエクササイズでよくみられる代償運動として，股関節

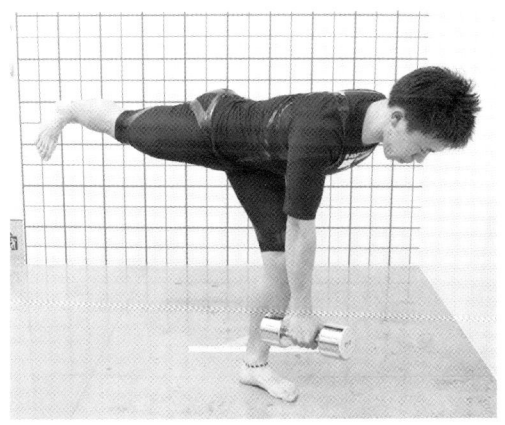
図3　シングルレッグルーマニアンデッドリフト

図4　代償運動パターン

図5　代償運動パターン

外旋筋群のエキセントリック収縮が弱いために起こる股関節の回旋（外旋）パターン（図4）や体幹の伸展筋群が弱いために起こる胸椎から腰椎にかけての弯曲（屈曲）が生じる（図5）．普段から常にトレーニング時の動きやフォームを注意深く観察することにより，スクリーニングテストだけでは得られなかった問題点や情報が発見できる場合がある．よってファンクショナルトレーニング自体が，アセスメントのツールにもなりうるといえる．トレーナーは常に正しい情報をフィードバックして機能的な動作を獲得する手助けをするべきである．

B ファンクショナルアセスメント

　身体の機能をアセスメントする際には，アライメント，フレキシビリティ，ストレングス，スタビリティ等々多項目にわたってチェックする必要がある．そのなかで，ファンクショナル動作が適切に行われているかをアセスメントする際のポイントは，各関節の機能を1つひとつ確認するのではなく，動作に関わるすべての関節が正しく「同時」に機能しているかを評価することである．これは，第Ⅰ章で述べた，「分離と協同」が基盤となりスポーツ動作を適切に実現するために最も重要な要素の1つである．

　本書では，参考例として5つのファンクショナル動作を掲載し，その動作の着目ポイントを説明する．

① オーバーヘッドスクワットテスト（Overhead Squat〔OH SQ〕Test）
② シングルレッグスクワットテスト（Single Leg Squat〔SL SQ〕Test）
③ ハードルステップテスト（Hurdle Step Test）
④ インラインランジテスト（In Line Lunge Test）
⑤ シングルレッグブリッジテスト（SL Bridge with Abduction Test）

1 オーバーヘッドスクワットテスト Overhead Squat（OH SQ）Test

動作手順	・顔は正面（目線は少し先の床へ）． ・立位（スタンスは骨盤幅）にて，肩関節外転180°（耳の横に腕がくるように位置），肘関節伸展． ・肩関節外転180°を保ったままでスクワット動作を5回行い，5回目のスクワットポジションにて静止．
キーポイント	・スクワット動作は大腿と床が平行になる深さまで下がるのが目安． ・脛骨捻転がある場合は，toe outにて実施してもよい．

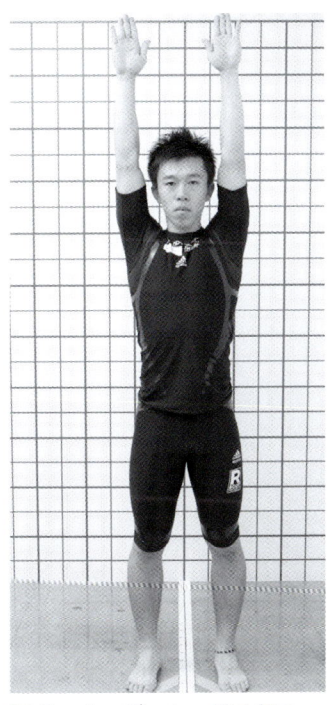
図6　オーバーヘッドスクワットテスト スタート（前）

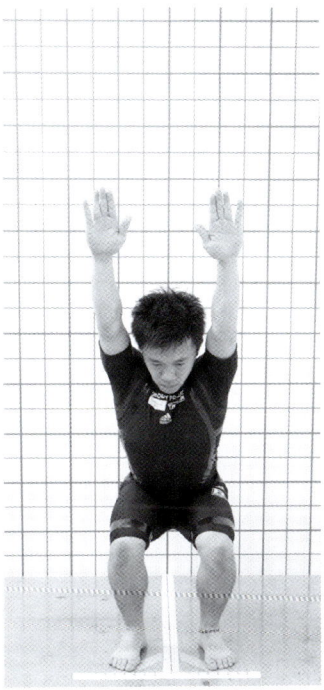
図7　オーバーヘッドスクワットテスト 動作

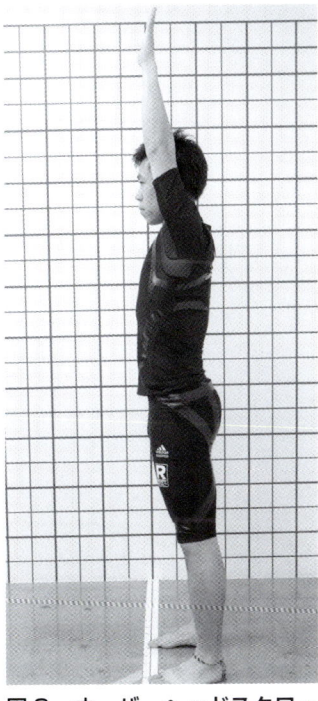
図8　オーバーヘッドスクワットテスト スタート（横）

正しい動作	前：図6，7 ・第1・2趾の垂線上に膝蓋骨が位置する． ・肘関節完全伸展のまま，肩外転180°． 横：図8，9 ・つま先の垂線上に膝蓋骨が位置する． ・体幹がニュートラル位置にて安定（骨盤中間位）． ・前腕，上腕，体幹が一直線上にある． ・下腿と体幹*の傾きが平行．

*体幹＝ lumbo-pelvic joint（腰椎-骨盤関節）と定義（第Ⅳ章参照）．

評価

適切でない動作	考えられる問題点
肘関節屈曲，肩関節外転制限（図10）	肩関節伸展筋群または内転筋群フレキシビリティ低下 胸椎モビリティ低下
腰椎・胸椎屈曲，骨盤後傾および肩関節屈曲制限（図11）	体幹および肩甲骨周囲筋群スタビリティ低下 股関節伸展筋群フレキシビリティ低下
knee in，toe out（図10）	股関節外転フレキシビリティ 足関節フレキシビリティ低下およびアライメント不良

図9 オーバーヘッドスクワットテスト 正しい動作

図10 オーバーヘッドスクワットテスト 適切でない動作(肘関節屈曲，knee in，toe out)

図11 オーバーヘッドスクワットテスト 適切でない動作(腰椎・胸椎屈曲，骨盤後傾，肩関節屈曲制限)

❷ シングルレッグスクワットテスト Single Leg Squat (SL SQ) Test

動作手順	・顔は正面(目線は少し先の床へ) ・片足で立ち，手は腰に位置．逆足は膝を90°屈曲させ，両大腿をそろえる． ・スクワット動作を5回行い，5回目のスクワットポジションで静止
キーポイント	・スクワット動作は大腿と床が平行になる高さまで下がるのが目安． ・脛骨捻転がある場合は，toe out にて実施してもよい．

図12 シングルレッグスクワットテスト スタート（前）

図13 シングルレッグスクワットテスト 動作

図14 シングルレッグスクワットテスト スタート（横）

正しい動作	前：図12, 13 ・第1・2趾の垂線上に膝蓋骨が位置する． ・両肩を結ぶラインが地面と平行． ・骨盤が外側へ過剰に移動することなくスクワットが行われている． ・体幹の回旋がなく正面を向いている． 横：図14, 15 ・つま先の垂線上に膝関節が位置する． ・体幹がニュートラル位置にて安定（骨盤中間位）． ・下腿と体幹の傾きが平行．

評価

適切でない動作	考えられる問題点
knee in，トレンデレンブルグ徴候および体幹の回旋（図16）	股関節外転筋群スタビリティおよびフレキシビリティ低下
腰椎・胸椎屈曲（図17）	体幹スタビリティ低下 股関節周囲筋群のストレングス低下

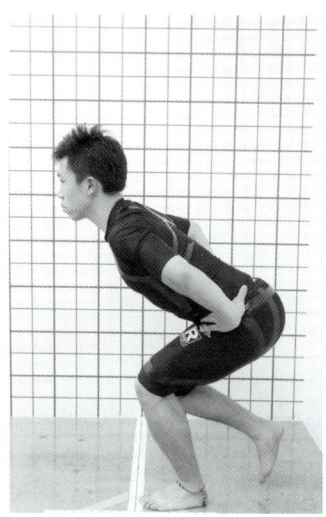  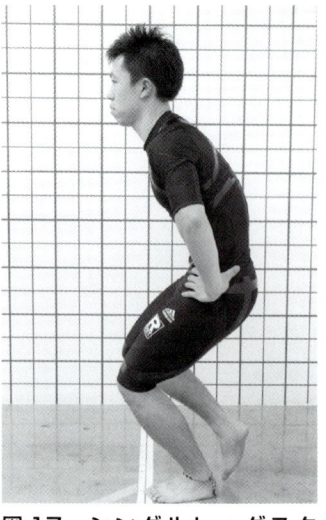

図15 シングルレッグスクワットテスト 正しい動作

図16 シングルレッグスクワットテスト 適切でない動作（トレンデレンブルグ徴候）

図17 シングルレッグスクワットテスト 適切でない動作（腰椎・胸椎屈曲）

❸ ハードルステップテスト Hurdle Step Test

動作手順	・脛骨粗面の高さにバーを設置する． ・上から見て，つま先とバーが重なる位置で立ち（足のスタンスは骨盤幅）（図18）バーを担いで正面を見る． ・設置したバーをゆっくりまたぎ，また戻る（左右交互に繰り返す）．
キーポイント	・バーをまたいだ足は，床に接地せずにそのまま戻す． ・動作中はバーを見ながらでよい． ・脛骨捻転がある場合は，軸足を toe out にて実施してもよい．
正しい動作	前：図19〜21 ・軸足骨盤の過剰な外側への移動がない． ・動作中，担いだバーは地面と平行を維持． ・バーをまたぐとき，体幹を固定させて股関節屈曲のみで動作が行われている． 横：図22〜24 ・上半身の前後の動きなく，下半身の動作が実施されている． ・軸足の股関節，膝関節伸展を維持したまま，動作が実施されている．

評価

適切でない動作	考えられる問題点
非軸足股関節外転，骨盤の引き上げ動作およびバーの傾き，または上半身の後方への傾き（図25，26）	体幹スタビリティ低下，股関節屈曲筋群ストレングス低下
軸足のトレンデレンブルグ徴候	股関節外転筋群スタビリティ低下

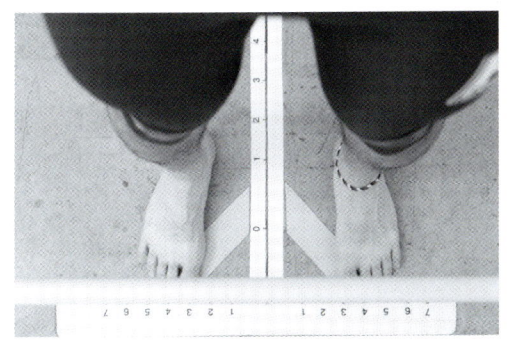

図18 ハードルステップテストでの足の位置

図19 ハードルステップテスト スタート

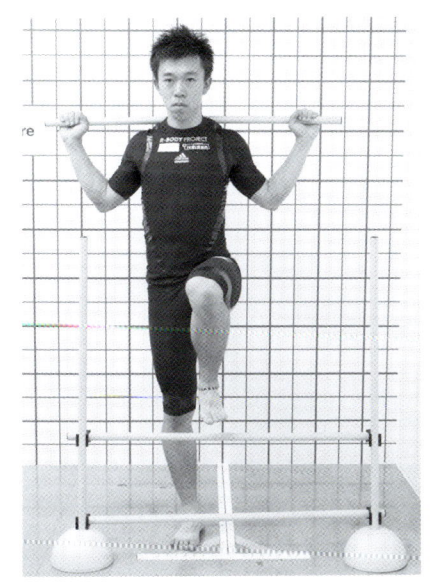

図20 ハードルステップテスト 動作①

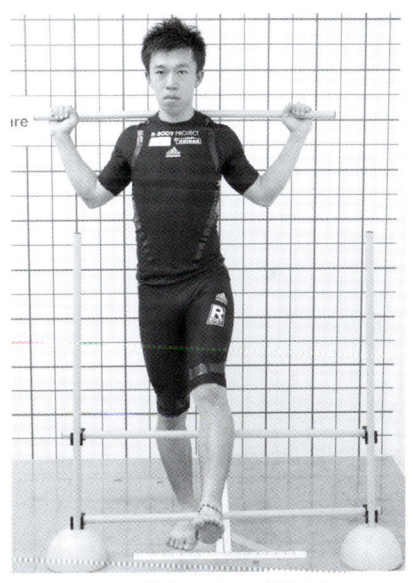

図21 ハードルステップテスト 動作②

適切でない動作	考えられる問題点
軸足膝関節屈曲（図26）	股関節屈曲筋群フレキシビリティ低下

B ファンクショナルアセスメント

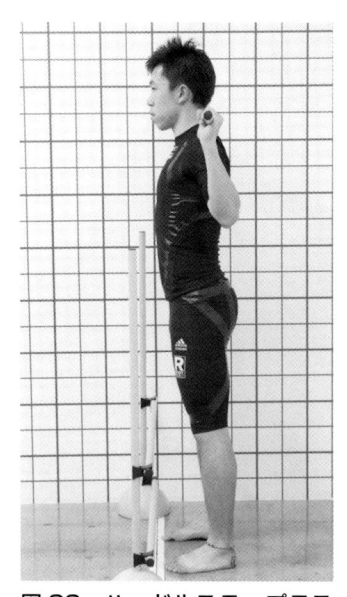

図22　ハードルステップテスト 正しい動作①

図23　ハードルステップテスト 正しい動作②

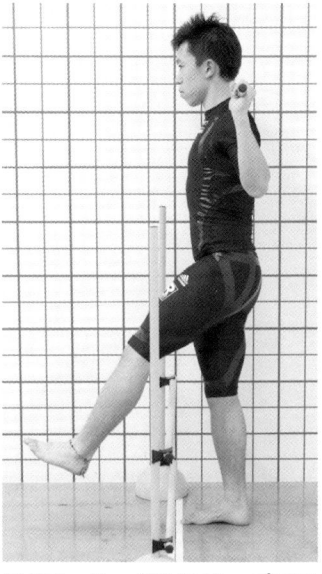

図24　ハードルステップテスト 正しい動作③

図25　ハードルステップテスト 適切でない動作（骨盤の引き上げ）

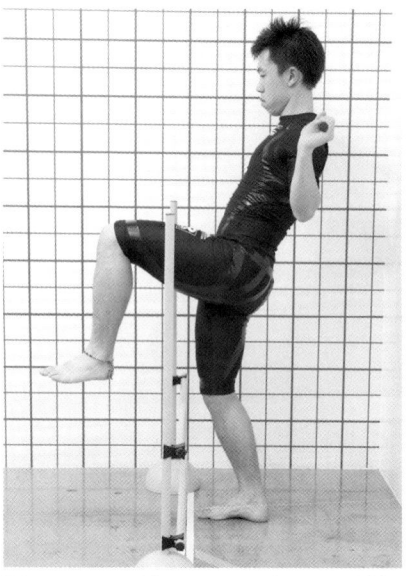

図26　ハードルステップテスト 適切でない動作（上半身後方への傾き，軸足膝関節屈曲）

図27 インラインランジテスト スタート（前）　図28 インラインランジテスト 動作　図29 インラインランジテスト スタート（横）

❹ インラインランジテスト In Line Lunge Test

動作手順	・床に一直線を引く． ・両足の第2趾が一直線上になるように立つ． ・片膝立ちにて，前足の踵に後ろ足の膝が触れる位置に足幅を合わせる． ・バーを持つ上の手は後頭部，下の手は腰の位置に合わせる（前足と反対側の手が上の手となる）． ・立ち姿勢から，後ろ足の膝が床に付くまで垂直に下がる． ・立ち上がり，2度繰り返す．
キーポイント	・しゃがむ際は，体幹を垂直に保ちながら行う．
正しい動作	図27～30

評価

適切でない動作	考えられる問題点
腰椎伸展（図31）	肩関節，肩甲胸郭関節モビリティ低下
上体の前方への傾き（図32）	股関節屈曲筋群，膝関節伸展筋群フレキシビリティ低下
上体の横の傾きおよび前足のトレンデレンブルグ徴候（図33）	体幹スタビリティの低下
後ろ足の knee out（図34）	股関節外転筋群フレキシビリティ低下
後ろ足の toe out	MP関節*モビリティ低下

*中足趾節関節

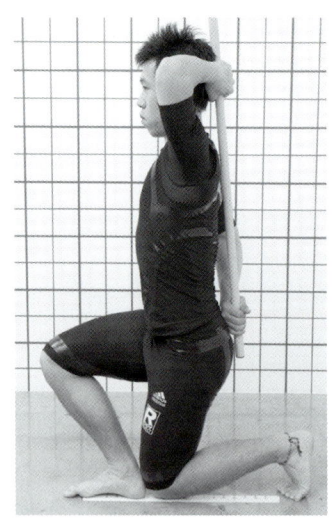

図 30 インラインランジテスト 正しい動作

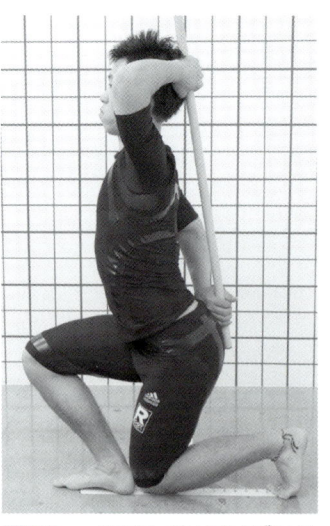

図 31 インラインランジテスト 適切でない動作(腰椎伸展)

図 32 インラインランジテスト 適切でない動作(上体前方への傾き)

図 33 インラインランジテスト 適切でない動作(トレンデレンブルグ徴候)

図 34 インラインランジテスト 適切でない動作(後ろ足の knee out)

5 シングルレッグブリッジテスト SL Bridge with Abduction Test

動作手順	・足幅は骨盤幅にて背臥位. ・膝関節屈曲,股関節伸展にてブリッジポジション. ・足関節背屈位. ・片足の膝関節伸展後,ゆっくり外転.

図35 シングルレッグブリッジテスト スタート

図36 シングルレッグブリッジテスト 動作①（横）

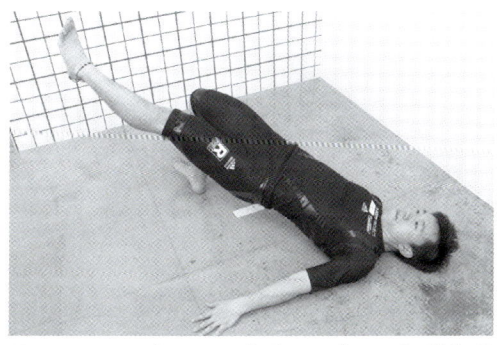

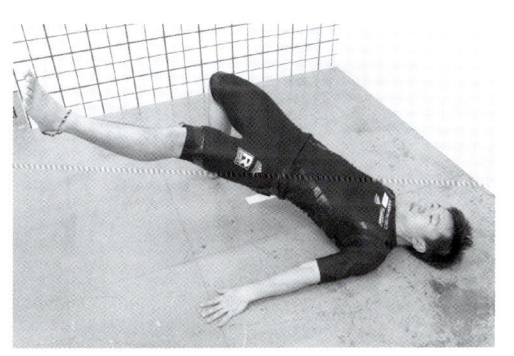

図37 シングルレッグブリッジテスト 動作①（上）

図38 シングルレッグブリッジテスト 動作②

図39 シングルレッグブリッジテスト 適切でない動作（腰椎伸展，軸足股関節伸展未完了）

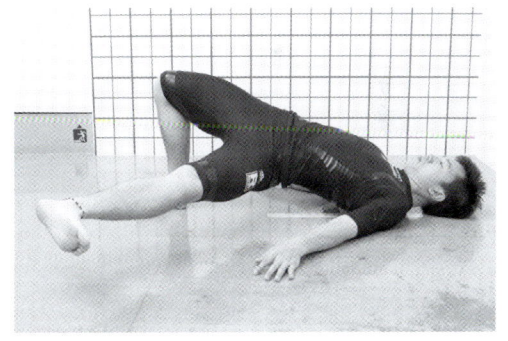

図40 シングルレッグブリッジテスト 適切でない動作（骨盤の落ち込み）

キーポイント	・支持足の脛骨は，床に対して垂直． ・挙上足の大腿は，支持足の大腿と平行． ・足から肩が一直線上になる（図35）
正しい動作	図36〜38

B　ファンクショナルアセスメント

評価

適切でない動作	考えられる問題点
腰椎伸展，軸足股関節伸展未完了（図39）	体幹スタビリティ低下 股関節伸展筋群ストレングス低下 股関節屈曲筋群フレキシビリティ低下
非軸足側の骨盤の床方向への落ち込み（図40）	体幹スタビリティ低下

　不適切な動作は，図39，40のように複数重なって生じる場合もあるが，1つの症状のみが発生する場合もある．また，ファンクショナル動作は，主に全身動作であるため，適切でない動作から考えられる問題点は複雑に重なり合っていることがある．よって，ファンクショナルアセスメントによる評価は問題点を1つに決定するのではなく，絞り込みによって数ある問題点を抽出するという認識が必要である．

C　トレーニングの期分け

　アセスメントをした後に，実際にトレーニングプログラムを立てていくが，プログラムを考える際に，順序を踏んでトレーニングの強度を漸増させていくことがとても重要である．トレーニングの順序としては，スタビリティ・モビリティ期，ストレングス期，パワー期の3つに期分けしてプログラムを立てる．

1　スタビリティ・モビリティ期

　この期は主にアセスメントで明らかになった問題点を解決する期で，安定性や可動域を広げながら，ファンクショナルな動作に必要な「分離と協同」を特に意識しながらエクササイズを行う．

　トレーニングピラミッド（図41）でいうと，最も底辺の基礎や土台を作る時期でありとても重要な部分である．この時期に正しい呼吸，姿勢やトレーニングの基礎的なフォームを獲得することによって，より大きなトレーニングピラミッドの底辺を作ることができ，最終的にはそれがパフォーマンスを向上させる助けとなる．この期に行われるトレーニングは比較的動きが少なく，筋肉のアンバランス，関節の機能不全，神経筋の機能不全を修正できる種目を選ぶ．また，体を安定させるために必要な反応の向上，関節安定反射の確立のために，固有受容器に刺激が多く入るような種目を選ぶ．また，トレーニングにはアイソメトリック収縮やエキセントリック収縮が多くなるようなスタビリティエクササイズを選ぶ．

2　ストレングス期

　ストレングス期はスタビリティ期に獲得したトレーニングの基礎的なフォームと体の安定性

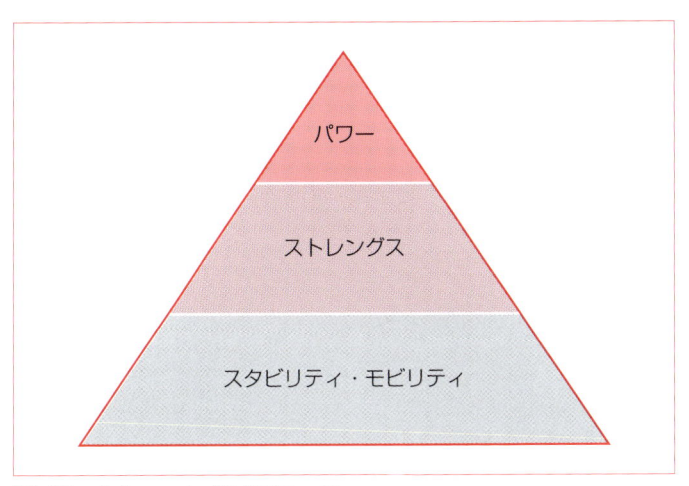

図41 トレーニングピラミッド
(National Academy of Sports Medicine (NASM): Performance Enhancement Specialist (PES) Home Study Course Manual. NASM, 2001. より)

を維持しながら筋力を増加させていく期で，スタビリティ期で強調したアイソメトリック・エキセントリック収縮の筋収縮様式に加え，コンセントリック収縮も行う種目を選ぶ．

また，loading（エキセントリック収縮）からunloading（コンセントリック収縮）への移行といった本来の機能的な動きをより力強く出せるようなストレングスエクササイズも適している．動作は関節可動域すべてを使って行われるべきであり，可動域の中間位置でのコントロールと最終域でのしっかりとした固定を強調して行うべきである．

❸ パワー期

パワー期はスタビリティ・モビリティ期，ストレングス期で獲得したものを実際の動作やパフォーマンスにつなげていく期で，体が安定した状態でしっかり筋力を発揮でき，パワーにつなげられる種目を選ぶ．実際のパフォーマンスに近い動作をトレーニングで行うことによって，よりパワーを伴ったパフォーマンスにつながる．

このような期に分けてトレーニングを進めていくのであるが，本書では各期における回数やセット数，各期の長さ等の詳細には触れない．

各期の長さについてはチームや個人の目標，スポーツシーズンやオフシーズンの長さの違いによってそれぞれ異なるべきであり，パフォーマンスがピークになるべき時期を狙ってパワートレーニングが行われているようにプログラミングされるべきである．

トレーニングの難易度を上げるときや，次の期に移行するときに必ずチェックするポイントとして，トレーニングの種目や持ち上げる重量に対して，正しい姿勢での機能的な動作が遂行されているかどうかを確認し，それが問題なく行われていれば次のステップに進むようにする．トレーニング強度の漸増方法についてはこの章の最後に説明する．

```
┌─────────────────────────┐
│ フレキシビリティエクササイズ │
└─────────────────────────┘
            ↓
┌─────────────────────────┐
│   スタビリティエクササイズ   │
└─────────────────────────┘
            ↓
┌─────────────────────────┐
│      コアエクササイズ       │
└─────────────────────────┘
            ↓
┌─────────────────────────┐
│   ストレングスエクササイズ   │
└─────────────────────────┘
```

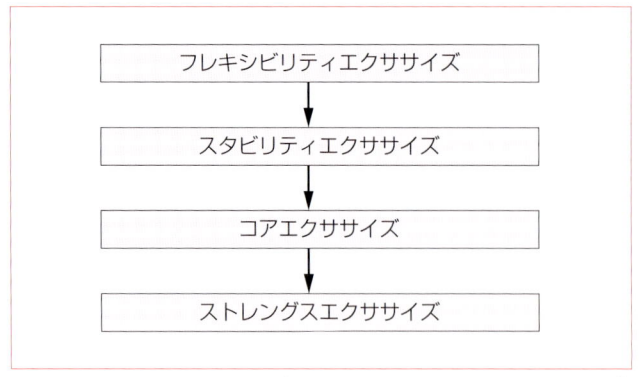

図42　1回のトレーニングセッションにおけるトレーニングの流れ

D　トレーニングの流れ

　ここでは1回のトレーニングセッションで行うトレーニングの流れを説明する．トレーニングセッションのはじめにはフレキシビリティエクササイズを行い，その後スタビリティエクササイズ，コアエクササイズ，ストレングスエクササイズを行うという流れでトレーニングを行う（図42）．アセスメントで明らかになった問題点によって，どのエクササイズに重きを置くかということが変わってくるが，基本的に1回のセッションですべての要素が入ったトレーニングを行えるようにする．

1　フレキシビリティエクササイズ

　これはトレーニングの最初に行うエクササイズである．アセスメントによって明らかになった関節可動域の制限や筋や軟部組織の短縮や拘縮による動きの制限を，本来あるべき状態に戻し，機能的な筋の長さを保つことが目標となる．これにより，正しい姿勢を得ることができ，けがの危険性を減らすことができる．それらが筋力，柔軟性，パワーの向上につながり，結果的にパフォーマンスを向上させる要因となる．フレキシビリティエクササイズを行うことにより筋や関節にある固有受容器に刺激が入り，これから行うトレーニングへの準備となる．さまざまな種類のエクササイズがあるが，すべてにおいて多方向に軟部組織が伸ばされるようにデザインされるべきである．ここでは以下の3つの種類のエクササイズを紹介する．

ⓐ セルフリリース（Self Myofascial Release）

　微細な筋の炎症やストレスが原因で，筋と筋膜の間に癒着が起こり伸張性がなくなった場所やトリガーポイントのある場所へ，フォームローラーなどを使って直接圧迫をかけることにより，機械的に癒着を緩めたり，筋への自己抑制反射を引き出し，筋そのものをリラックスさせることを目的とする（図43, 44）．

ⓑ アクティブストレッチ（Active Stretch）

　筋への相反性抑制反射を引き出すために，能動的に筋を収縮させ，その拮抗筋である筋を緩

図43　大腿外側のセルフリリース

図44　大腿後部のセルフリリース

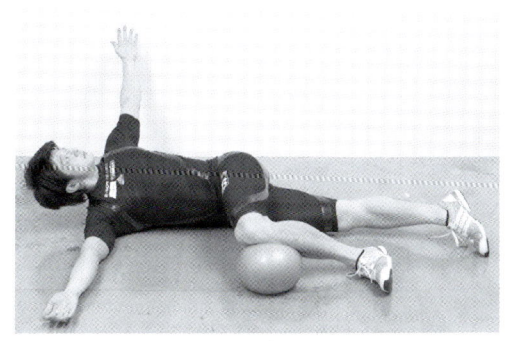

図45　腰部のアクティブストレッチ

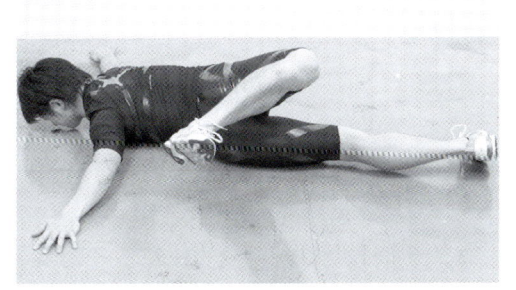

図46　股関節屈筋群のアクティブストレッチ

図47　体前面のダイナミックストレッチ

図48　股関節周囲筋群のダイナミックストレッチ

める．これは自分自身で効率よく行えるフレキシビリティエクササイズで，トレーニングのセット間の休息の時間を利用して，アクティブストレッチをトレーニングの主働筋に行うことにより，トレーニングにおける筋の短縮を防ぐ（図45，46）．

❸ ダイナミックストレッチ（Dynamic Stretch）

　ダイナミックストレッチは常にファンクショナルな動作の基本である分離と協同，3面での

動き，力の吸収と発揮があるフレキシビリティエクササイズで，それらを意識しながら正しいフォームでエクササイズを行う．そうすることでより動きのあるエクササイズになるので，機能的に体を動かすトレーニングをする準備をするための重要なエクササイズである（図47，48）．

❷ スタビリティエクササイズ

ファンクショナルトレーニングにおいて，スタビリティエクササイズは効率のよい機能的な動作を作るための重要な基礎になるエクササイズになっている．このエクササイズは，重力に抵抗しながら，筋がエキセントリックやアイソメトリック収縮を起こしながらバランスを保ち，重心を体の支持面の上に保つものである．エクササイズによって常にチャレンジを続けることで，受容器へ新しい刺激が入り，中枢神経系へ多くの新しい情報が送られ，新しいフィードバックが最適な協力筋群を選んでバランスを保ち，それが効率的で機能的な動作を作る．

また，スタビリティトレーニングによって，皮膚，筋，関節，靱帯にある受容器に刺激が入り，関節の偏位を防ぐために関節の防御反射が起こり，最適な筋群が協同収縮する．これによって関節のダイナミックスタビリティ（動的安定性）が保たれる．このことは慢性障害を防ぐうえでとても重要である．慢性障害の原因（図49）は数多くあるが，ひとつの理由として，

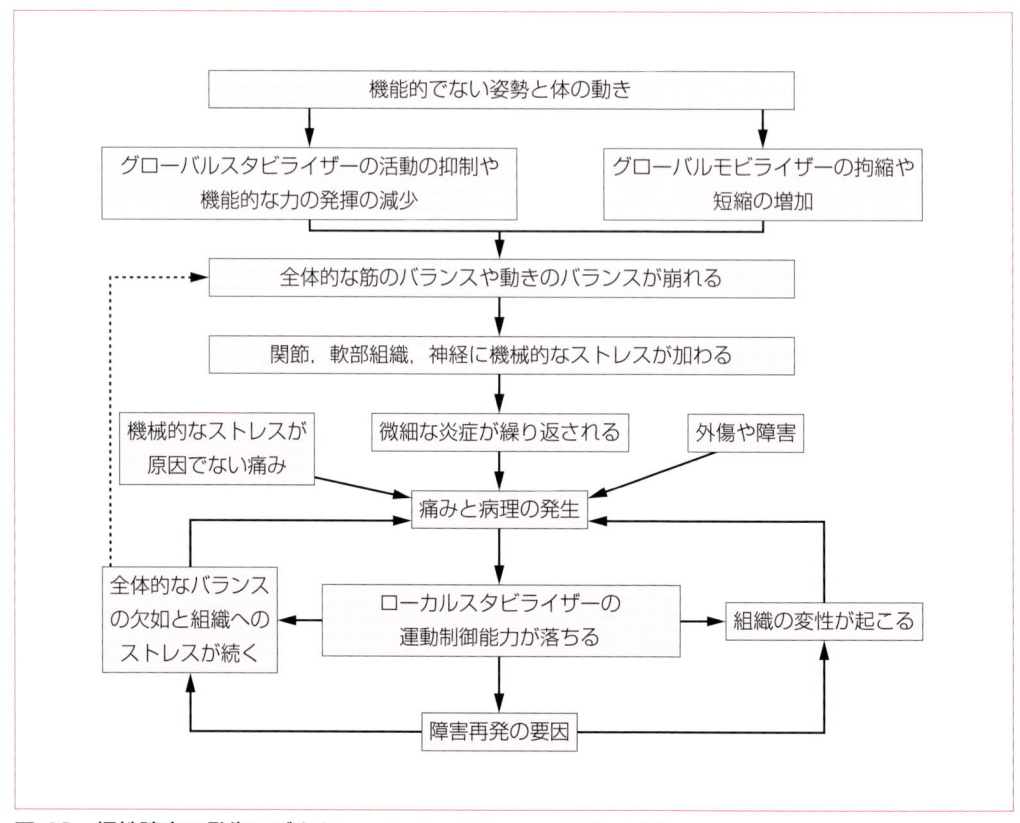

図49 慢性障害の発生モデル（Comerford and Mottran, 2001 より）

筋や動きのバランスが崩れることにより関節へ不適切な力が加わり，これが繰り返されることにより，関節周囲の組織に微細な炎症が繰り返され，それが痛みとして現れる．関節に痛みが起こると，前述したように，関節を安定させる役割のあるローカルスタビライザーの運動制御能力が落ち，筋活動の低下が起こるという特徴がある (arthrogenic muscle inhibition)．もしもトレーニングをせずにこの状態を放置しておくと，関節はますます安定性を失い，それが微細な炎症をさらに生んで痛みを増加させるという悪循環を生む．よってこの悪循環を断ち切るためには，スタビリティトレーニングを行い，受容器に刺激を入れ，正しい関節の防御反射を再び呼び起こし，関節の安定性を増加させる必要がある．そうすることで不適切な関節の動きにより起こっていた微細な周辺組織への炎症がなくなり最終的に痛みを減少させることができる．

第Ⅰ章で述べたファンクショナルな動きの5原則の1つに「分離と協同」があるが，機能的な動作をするためには，可動域の少ないスタビリティ関節が動きのなかで安定，固定されていることがとても重要である．動作の質を向上させるために，これらスタビリティ関節を動きのなかで安定，固定するスタビリティトレーニングは不可欠なものになっている．

エクササイズの注意点としては，正しい姿勢での体の固定や，正しいフォームで関節可動域をすべて使って行うことである．特に可動域の中間位での動きのコントロールと最終域での固定を行うことが大事である．エクササイズでの姿勢や動きのコントロール，体の固定が，安定性のある地面において自重でしっかりできるようになってから，徐々に難易度をあげ，より多くの刺激を受容器に入れるために，さまざまなタイプの不安定盤を使ってバリエーションを加える．動きのスピードを適切にコントロールできるエキセントリックの収縮と，動きのなかでの関節の安定性を獲得するのがこのエクササイズの大きな目的となる．

３　コアエクササイズ

コアとは体における中心であり，動きの始まる場所である．コアエクササイズといえば「腹筋トレーニング」や「背筋トレーニング」といった個別の筋群をトレーニングするエクササイズがイメージされやすい．しかし，実際の機能的な動きにおいて，腹筋群だけ，または背筋群だけが単独で働くといったことはほとんどなく，常に股関節や背筋群が腹筋群とコーディネートされて働き，このコアで生まれた力が上肢や下肢に伝わり，最終的に人の動作となる．

生まれたばかりの赤ん坊が1歳前後で立てるようになるまでに行うさまざまな動きを注意深く見てみると，赤ん坊は常にコアの筋群を働かせ，よりよいコーディネーションを探しながら，仰向け，うつぶせ，回転，ハイハイ，つかまり立ちを繰り返し，最終的に立ち上がって歩きだす．人間は生まれてから歩行が安定するまでの間，特にコアの筋群を使うことによって，より自由に四肢を使った機能的な動きを習得しようとする．つまり，赤ん坊が行うすべての動きがコアトレーニングといっても過言ではない．よって，コアエクササイズは，単なる筋力トレーニングとして考えるのではなく，機能的な動作を作るための，安定性とコーディネーション能力を高めるものであると考えるべきである．

コアエクササイズをトレーニングプログラムに組み込むことにより，ダイナミックな動きや

姿勢のコントロールが向上し，正確な筋バランスや関節運動を確実にする．また腰椎-骨盤部の安定性が増し，それに伴い体全体の神経筋の効率が上がる．これによりストレングストレーニングの効果が上がり，腰痛防止や障害予防にもつながり，最終的にはパフォーマンスの向上につながる．コアエクササイズについては，「Ⅳ章 体幹のファンクショナルトレーニング」で詳しく述べる．

4 ストレングスエクササイズ

ファンクショナルトレーニングにおけるストレングスエクササイズには次のような特徴がある．

① キネティックチェーン（「Ⅰ章 ファンクショナルトレーニングとは」参照）をすべて鍛えるエクササイズ
  ・筋を刺激するエクササイズ
  ・正常な関節の動きを使ったエクササイズ
  ・神経系を鍛えるエクササイズ（受容器に多く刺激が入るエクササイズ）
② 3面を使ったエクササイズ
  ・ファンクショナルな動きを行っているときには，3面すべてに対して動きが起こるので，ストレングストレーニングにおいても3面すべてを使ってのエクササイズを行う．
③ 力の吸収，安定，固定，力の発揮を意識した運動
  ・動きが起こるには，まず筋のエキセントリック収縮が起こり（力の吸収），アイソメトリック収縮で安定，固定され，コンセントリック収縮で力が発揮される．このような一連の筋収縮の様式を意識したエクササイズを行う．
④ 分離と協同の原則を理解してのエクササイズ
  ・体には，大きな動きに適している関節（モビリティ関節）と適していない関節（スタビリティ関節）があり，それらの役割を認識しながらエクササイズを行う．最終的にそれぞれの関節の役割を分離したうえで，それらを同時に協同させて行えるように意識する．

以上のことを常に考えながら，ファンクショナルトレーニングにおけるストレングストレーニングのプログラミングを行うのであるが，これらは従来のストレングストレーニングと比べて以下のような点で大きく異なる．

---

① 従来の方法：筋の増量がトレーニングの大きなゴール
　FT：機能的な動作の習得とパフォーマンスの向上，障害の予防が大きなゴール
② 従来の方法：ひとつの面（矢状面）だけを使う動きによるトレーニング
　FT：3面を利用した動きによるトレーニング
③ 従来の方法：コンセントリック収縮に重きを置いたトレーニング
　FT：エキセントリック・アイソメトリック収縮にも重きを置いたトレーニング
④ 従来の方法：関節が固定された体勢（トレーニングマシーン）を使ったトレーニング
　FT：関節が自由に動く体勢でのトレーニング

FT：ファンクショナルトレーニング

E　エクササイズの難易度の漸増方法

　トレーニングをする際に，負荷や難易度を常に上げていくことはとても重要である．ある一定の期間，同じ負荷でトレーニングを続けると，体はその負荷に適応してしまい，それ以上の向上はみられなくなる．よってトレーニングプログラムを常に見直し，エクササイズの強度や回数，セット数や休息の時間などを変えていく必要がある．

　ファンクショナルトレーニングをプログラミングするにあたり，バランスボールや不安定盤を使ってのエクササイズをトレーニングプログラムに組み入れることを考える人は少なくないはずである．しかし実際はトレーニングを始めたばかりの人にとって，バランスボールや不安定盤を使ってのエクササイズは難易度がかなり高く，ほとんどの場合は要求された動きをコントロールしたり，正しいフォームでエクササイズを行うことが難しい．トレーニングの難易度を上げていく方法として，まず基本は難易度の低いものから始め，正しいフォームを維持しながら要求された適切な動きをしっかりコントロールできるようになってから，トレーニングの難易度を上げていくことが大事になる．

　以下にファンクショナルトレーニングエクササイズにおける難易度を漸増する方法を述べる．

1　支持面（base of support）を変化させる

　支持面の大きさを変化させることでエクササイズの難易度は変化する．たとえば，エクササイズをするときに両足の幅が広ければ広いほど支持面が広がり安定性が増すのでエクササイズの難易度は低くなる．逆にエクササイズの難易度を漸増するには，両足の幅を狭くしていき両足を縦に並べてエクササイズを行ったり，最終的には片足で立ちながら行うと最も難易度が高くなる．

　またエクササイズをするときの体勢を変化させることにより支持面の大きさを変化させることができる．背臥位や腹臥位は体が地面に接している面積が大きく支持面が安定するため，エクササイズの難易度が低くなるが，座位，膝立ち，立位は支持面が小さくなるためにエクササイズの難易度は高くなる．

　これとともに，支持面の状態を変えることにより，エクササイズの難易度を大きく変えることができる．次頁の表に示した体を支える土台の例はファンクショナルトレーニングで使われる代表的なものであるが，支持面の状態が不安定になればなるほどエクササイズの難易度は高くなる．例として，ベンチプレスを通常のベンチプレス台で行う場合と，それをバランスボールや，BOSU（図55参照）の上で行う場合とでは後者のほうの難易度が高い．これは支持面が不安定になることにより，体幹や上肢の筋力，コーディネーション，受容器において高い能力が要求されるためである．

図50　シングルレッグショルダープレス　　図51　BOSU 上でのシングルレッグショルダープレス

❷ 重心の位置 (center of gravity) を変化させる

　人は動きのなかで常に重心の位置を支持面の中心に置くようにコントロールしてバランスを保ち効率のよい動きを作りだそうとする．下の表にある，上半身の状態，負荷の種類，バランス用具を変えることにより，重心の位置を安定させにくい環境を作り，エクササイズの難易度を調節することができる．例として，シングルレッグショルダープレスがあるが，このエクササイズを床の上でバーベルを持った状態で行う場合と (図50)，同じエクササイズを BOSUの上で片手にダンベルを持って行った場合 (図51) とでは明らかに後者のほうが難易度は高い．これは上半身の状態，負荷の種類，バランス用具を不安定なもの，自由度の高いものにすることにより，重心の位置を支持面の中心に保つために必要な上肢・体幹・下肢の筋力，コーディネーション，受容器におけるより高い能力が要求されるためである．

強度	運動面	体の肢位	体を支える土台	下半身の状態	上半身の状態	負荷の種類	バランス用具
低	矢状面	背臥	ベンチ	両足	両腕	バーベル	床
↓	前額面	腹臥	スタビリティボール	両足縦並べ	交互	ダンベル	Beam＊
↓	水平面	横臥	BOSU	片足	片手	ケーブルマシン	½フォームローラー
↓	コンビネーション	座位	バランスマット	両足不安定	片手捻り	チューブ	Airex
↓		膝立	フォームローラー	縦並べ不安定		メディシンボール	Dyna-Disc
高		立位		片足不安定		Body Blade	BOSU

＊Beam　幅15cm，厚さ3cm程度の細長い板
(National Academy of Sports Medicine (NASM)：Performance Enhancement Specialist (PES) Home Study Course Manual. NASM, 2001. より)

トレーニングのプログラムを立てる際には，これらのさまざまな要素を組み合わせながら，それぞれの人に見合った強度のプログラムを立てていく．基本的に前頁の表の上段が強度の低いものであり，下段に行くにつれて強度が高くなる（両足スクワット→両足縦並べスクワット→片足スクワット）．先程も述べたが，まずは簡単なものからプログラムし，エクササイズフォームや動作を確認しながら漸増的に強度を上げていく．

3 ファンクショナルトレーニングで使用する主な用具

a 1/2フォームローラー

ファンクショナルトレーニングで使用する用具のひとつに，フォームローラーが半分の形になっている1/2フォームローラーがある（図52）．フォームローラーの上半分の平面の部分に体重をかけてエクササイズを行うのであるが，発泡スチロール素材の上ではある程度の安定性が確保されるため，中程度の不安定性がもたらされる危険度の少ないエクササイズを行うことができる．足部，足関節，膝関節，股関節を安定化させる筋群を鍛えることができ，下肢のさまざまなエクササイズに利用できるが，基本的に前額面，矢状面での不安定性をつくりだすにとどまる．

b Airex（エアレックス）

1/2フォームローラーによるトレーニングの次に用いる，難易度が高いトレーニングのための用具がAirexである（図53）．固いスポンジのような素材の上でトレーニングをすることにより，前額面，矢状面，上下でより不安定な要素がつくりだされ，足部，足関節，膝関節，股関節を安定させるための筋群をトレーニングでき，下肢のさまざまなエクササイズに利用できる．

c Dyna-Disc（ダイナディスク）

Airexによるトレーニングの次に，より難易度の高いトレーニングのために用いるのがDyna-Discである（図54）．これはスタビリティボールと同じ素材でつくられており，円盤状をしたディスクの中に空気が入っており，この上でトレーニングを行うことで前額面，矢状

図52　1/2フォームローラ

図53　Airex（エアレックス）

E　エクササイズの難易度の漸増方法　41

面，上下でより不安定な要素がつくりだされ，足部，足関節，膝関節，股関節を安定化させるための筋群に強い刺激が入る．Dyna-Disc は下肢のさまざまなエクササイズに利用できる．

ⓓ BOSU（ボス）

　Dyna-Disc によるトレーニングの次に用いるのが BOSU である（図 55）．BOSU の名前の由来である「Both Sides Utilized（両サイド使える）」のとおり，スタビリティボールを半分に切った半円状の部分に荷重してエクササイズをすることもできるし，逆側の平面部に荷重してエクササイズをすることもできる．Dyna-Disc に比べて空気の量が多く高さもあるため，前額面，矢状面，上下でより不安定な要素がつくりだされ，上肢，下肢，体幹のさまざまなエク

図 54　Dyna-Disc（ダイナディスク）

図 55　BOSU（ボス）

図 56　ケーブル

図 57　スタビリティボール

ササイズを行うことができる．

e ケーブル

　ファンクショナルトレーニングにおいてケーブルを使ったトレーニングは欠かすことができない（図56）．滑車上を滑るケーブルでつながれた一方に重りがついていたり，空気圧負荷によって，もう一方を引っ張りながらさまざまな運動を行うことができる．特に回転する動きに対して負荷を与えることができる数少ないトレーニング用具で，水平面でのトレーニングをするのに有効である．体幹を安定させながら，実際のスポーツ動作に対しても負荷をかけられるトレーニング用具であるので，より機能的である．

f スタビリティボール

　ファンクショナルトレーニングといえばスタビリティボール（図57）といわれるほど，トレーニングで多く使われるイメージがあるが，ここで間違えてはいけないのは，この用具も他の用具と同じく，体に対して不安定な要素をつくりだすためのひとつにすぎないということである．したがって，トレーニングを始めたばかりの人にはスタビリティボールを使ったトレーニングは不安定な要素が強すぎるので，正しい動きやフォームをコントロールできず不適切なものになりがちである．スタビリティボール上に上肢，下肢，体幹をのせてトレーニングすることにより，不安定な要素がつくりだされ，上肢，下肢，体幹のさまざまなエクササイズを行うことができ，筋力，コーディネーション，受容器の高い能力が要求される．

g メディシンボール

　メディシンボール（図58）は，体幹のファンクショナルエクササイズやパワーを高めるためのプライオメトリックエクササイズにおいて最適な用具である．高い筋力とコーディネーション能力が要求されるさまざまな種類のメディシンボール投げや，壁にボールを投げつけるようなプライオメトリックの効果があるエクササイズを行える．メディシンボールを使って，実際

図58　メディシンボール　　　図59　ウエイトベスト

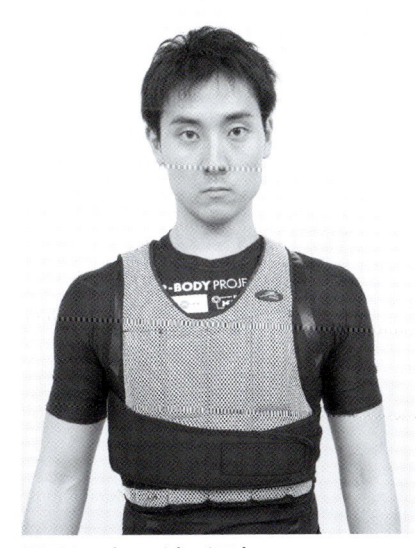

図60 スライドボード

の競技動作に近い動きをシミュレーションしながらトレーニングを行うことができるが，強度が高いためにけがを防ぐという観点から，十分な筋力とコーディネーション能力があると判断してから行うべきである

ⓗ ウエイトベスト

ウエイトベスト（図59）は，ファンクショナルトレーニングにおいてとても有用である．ダンベルやバーベルを使ってトレーニングをする際には，それらを保持するために姿勢を崩してしまうことがあるが，ウエイトベストを着ることにより，動きを阻害することなく負荷を上げることができるという利点がある．特に腕立て伏せ，懸垂，片足スクワットなどで負荷を高めたいときにウエイトベストはとても利用価値が高い．

ⓘ スライドボード

スライドボード（図60）は，股関節周囲筋群をトレーニングするのにとても有用な用具である．スライドボード上で安定を保つためには，自然と膝が屈曲するためにスポーツ特有の姿勢でトレーニングすることができる．スライドボード上でのトレーニングでは下肢の伸筋群だけでなく，股関節の内転・外転筋群を同時にトレーニングできる利点がある．

（北川雄一・鈴木　岳）

参考文献

- Bill Foran：High-Performance Sports Conditioning. Human Kinetics, 2001.
- Comerford J. M, Mottran L. S：Movement and stability dysfunetional-Contemporary development. Manual Therapy, 2001；6(1)：15-26.
- Gray Cook：Athletic Body in Balance. Human Kinetics, 2003.

III 上肢のファンクショナルトレーニング

A 上肢のファンクショナルトレーニングの基礎

　本章では上肢のファンクショナルトレーニングを説明する．ここでは脊椎・胸郭から肩甲骨・鎖骨・上腕骨へと走る筋群を含む肩甲帯と肩，肘，手関節を「上肢」として定義する．

　オープンキネティックチェーンにおける上肢の動きでは，地に足を着け足から受ける床反力で下肢から体幹へと力を伝達し投球動作やスイング動作を起こしている．肩甲帯は体幹部からの力を上腕部へ伝達すると同時に上肢を安定させる土台としての役割もある．クローズドキネティックチェーンにおける上肢の動きでは，床に手をついた状態で手から受ける床反力で，上肢から体幹・下肢へと力を伝達して自分の体を支えたり体勢を変えたりしている．

　いずれの動作をとっても関節に負担とならない効率のよい機能的な動作を起こすには，体幹と上肢の間をつないでいる肩甲帯の動き（モビリティ）と安定性（スタビリティ）が重要になってくる．上肢のファンクショナルトレーニングでは，このような肩甲帯の機能に悪影響を及ぼしている要因をファンクショナルアセスメントで見つけ出し，それをファンクショナルエクササイズで正常化する作業を実践する．本章では主に投球動作やスイング動作などオープンキネティックチェーンの動きにおける肩甲帯の機能的役割と機能低下による影響について解説し，ファンクショナルアセスメントとファンクショナルエクササイズを紹介する．

1 肩甲帯の機能的役割

　上肢のオープンキネティックチェーンの動作における肩甲帯の機能的役割を以下にあげる（Kibler et al, 2004）．

ⓐ 肩関節の関節面

　肩甲骨の関節窩は肩関節（肩甲上腕関節ともいう）の関節面としての役割がある．上腕骨が動く方向に応じて関節窩も向きを変え，関節面の適合性を最適なものとし，ローテーターカフが機能しやすい最適な位置をとり動的な安定性を高めている．機能的にみるとアシカ（肩甲骨）が鼻（関節窩）でボール（上腕骨頭）を扱っているようなものであると表現されている．

ⓑ 水平伸展・水平屈曲動作に伴う肩甲骨の内転・外転運動

　テニスサーブや投球動作のコッキング期などの肩関節の水平伸展時（肘を後方へ引きつけるとき）肩甲骨は内転する．投球動作やスイング動作などの加速期で肩関節が水平屈曲するとき，肩甲骨は胸郭に沿って外側，前方へと移動（外転）する．これは上記の関節面の適合性を保持するのと同時にスポーツに必要な肩の可動範囲を確保している．

ⓒ 肩峰の挙上

　スポーツでは腕をあげた体勢での動きが多いため，常に僧帽筋下部と前鋸筋の活動により肩甲骨を上方回旋，後傾，外旋位に保持しなければならない．これによりインピンジメント症候群の原因となるような烏口肩峰アーチへの圧が強くならないように肩甲骨の肩峰を引き上げておくことができる．

d キネティックチェーン

肩甲骨は体幹と腕を結ぶ連結部であり，投球動作やスイング動作では地面から受けた力を下肢から体幹，体幹から上肢へと伝達していく．力やエネルギーを伝達するのと同時に，動いている体節の近位部は固定され安定性を保つ基盤となっている．

2 肩甲帯の機能低下を引き起こす要因とそのメカニズム

肩甲帯のモビリティとスタビリティは，疼痛，軟部組織のタイトネス，筋活動，筋力のバランス，筋疲労，姿勢などさまざまな要因に影響され変化する．このような要因によって肩甲帯が正常に働かない状態でスポーツ動作を継続しているとパフォーマンス効率が低下したり肩周辺部の障害につながったりする．

以下に肩甲骨の動きに影響を及ぼす要因とそれによって変化する肩甲骨の動きを表し，それらが肩関節障害につながるメカニズムを説明する(Ludewig P. M et al, 2009)．

a 肩甲骨の動きに影響を及ぼす要因と動きの変化

要因	肩甲骨の動きの変化
前鋸筋の活動が不十分	肩甲骨の上方回旋と後傾が低下
僧帽筋上部の活動が過剰	鎖骨の挙上が増加
小胸筋のタイトネス	肩甲骨の内旋と前傾が増加
肩関節後部のタイトネス	肩甲骨の前傾が増加
悪い姿勢（胸椎の後弯が強い）	肩甲骨の内旋と前傾が増加 肩甲骨の上方回旋が低下

(Ludewig P. M et al, 2009)

b 前鋸筋の活動が不十分

前鋸筋の活動が十分でないと肩甲骨の上方回旋と後傾の動きが低下し，それにより僧帽筋上部の活動が高まり肩甲骨の挙上動作で代償することがわかっている．肩甲骨を上方回旋，後傾させられないと，肩甲骨の肩峰を十分に引き上げられない．肩峰が挙上できない肢位で投球動作のような内外旋運動を繰り返すと肩峰と上腕骨頭の間を走行する軟部組織にかかるストレスが強まり，肩峰下のインピンジメント症候群を起こしやすくする．これは主に外転角が高い位置で肩甲骨を上方回旋位に保持する働きをもつ前鋸筋と僧帽筋下部線維のスタビリティ能力の低下が原因で起こる．また腕を上げるとき，前鋸筋の活動が不十分だと肩甲骨を上方回旋させて関節窩を上方へ向けることができないため，肩関節の不安定性につながる．

c 小胸筋のタイトネス

小胸筋はその付着部（烏口突起）と走行方向から肩甲骨を下方回旋，前傾，内旋させる働きがある．したがってこの筋が過度に緊張していると肩甲骨を前傾，内旋方向にひきつけ，肩の水平伸展，挙上，外旋動作を制限する．

肩甲骨が十分に外旋できないと関節窩が前方を向いたままで水平伸展動作を起こすことにな

る．それにより肩関節の前面では関節面の開きが大きくなり，前方不安定症が起こりやすくなる．同時に肩関節の後面では，投球動作のコッキング期の外転・外旋肢位で関節窩後方と上腕骨頭の接触が強まり，腱板後部が関節面に挟み込まれ腱板損傷（インターナルインピンジメント症候群）につながる．

ⓓ 肩関節後部のタイトネス

肩関節後部にタイトネスがみられると肩外転位での内旋可動域が制限される．このタイトネスがみられると投球動作のフォロースルー期の動きで内旋運動を起こしたとき肩甲骨が過度に前傾し，肩峰を前方に引き下げることになる．これは肩峰下の障害を起こしやすいポジションである．

ⓔ 姿勢

普段の姿勢も肩甲骨の機能に影響を及ぼす．背中を丸めたいわゆる悪い姿勢（胸椎の後弯が強い）では腕を上げたときの肩甲骨の上方回旋と後傾の動きが低下し，肩の挙上動作や水平伸展動作が制限される．

B 上肢の解剖学的運動機能

1 肩甲帯

肩甲帯の骨格は，鎖骨，肩甲骨から構成される．肩甲帯は上肢を体幹に連結させている部分であり，静的には胸鎖関節のみで支持されている．動的には肩甲胸郭関節が上肢を体幹に固定する役目を果たしている．肩甲胸郭関節は浮遊関節とよばれ，胸郭と肩甲骨を支持している靱帯組織はなく肩甲骨周囲筋のみで安定性が保たれている．

肩甲骨周囲筋は肩甲骨から体幹に付着部をもつ筋群で，上肢を動かすときに連動し，広い可動範囲を確保しながら肩甲骨を胸郭に安定させている．肩甲骨周囲筋は構造上さまざまな方向に走行し，複数の筋が異なった方向に同時に働くことで一方向の動きを起こすため，各筋は複数の機能をもっている．肩甲骨周囲筋には，深層部の肩甲挙筋，菱形筋，小胸筋，前鋸筋，浅層部の僧帽筋，広背筋がある．

肩甲帯の動きは，通常肩甲胸郭関節の動きとして表される．肩甲胸郭関節の動きには胸鎖関節と肩鎖関節の2つの関節運動が伴い，動きの方向は胸郭に対する肩甲骨の移動方向で表現されている．

●肩甲胸郭関節，胸鎖関節，肩鎖関節の動き	
肩甲胸郭関節	胸鎖関節＋肩鎖関節
挙上	挙上＋下方回旋
下制	下制＋上方回旋
内転	後退＋外旋

肩甲胸郭関節	胸鎖関節＋肩鎖関節
外転	前方牽引＋内旋
上方回旋	挙上・後方回旋＋上方回旋
下方回旋	下制＋下方回旋

　上肢のファンクショナルトレーニングでは肩甲帯の運動機能を考えるとき，肩鎖関節の動き（鎖骨に対する肩甲骨の動き），特に上方回旋，後傾，外旋の動きが肩の運動機能ではポイントとなるためこれらの動きについて評価，改善していく．

❷ 肩関節

ⓐ 関節構造

　肩関節は肩甲骨の関節窩と上腕骨頭で構成される．この関節は構造的にみて上腕骨頭の大きさに対して受け皿である関節面が極端に小さく，ティーの上にゴルフボールがのった状態に近い．

　肩甲骨から上腕骨へ走る筋は，表層の大きな筋群と深層の小さな筋群（ローテーターカフ）に分けられる．表層の大きな筋群は，肩関節の動きを起こし，補助的に関節の安定性にも寄与している．一方，深層の小さな筋群は，上腕骨頭を関節窩に安定させることが主な機能であるが，同時に肩関節の動きにも補助的に働いている．

　肩関節を通過する筋は，三角筋，上腕二頭筋，烏口腕筋，上腕三頭筋，大円筋，広背筋の一部である．ローテーターカフとよばれる深層部の小さな筋群には，棘上筋，棘下筋，小円筋，肩甲下筋がある．

　肩関節は，肩甲帯と連動して日常生活動作やスポーツ動作のなかで上肢の動きを起こしている．肩甲骨に対する上腕骨の動きを関節包外運動（骨運動）とよび，屈曲，伸展，内転，外転，内旋，外旋の6方向が可能である．関節包外運動が起こるとき，肩関節の関節内では上腕骨頭の関節面が関節窩の関節面を滑り・転がりながら関節窩の中心に収まっている．その動きを関節包内運動（副運動）とよんでいる．

ⓑ 静的支持組織

　肩関節の骨形態は可動性が非常に高い構造をしているが，その反面安定性に乏しい．上肢の挙上角が高くなるにつれ，上腕骨頭の接触面は下部から後上方部へ移動し関節窩の接触面は中央部から後部へ移動する．関節包の一部分が拘縮していると拘縮のある部位と逆方向に上腕骨頭の過剰な動きが生じ，不安定性を引き起こす．

　関節唇は関節窩の外縁を覆う線維性組織で関節窩を深く広くし，上腕骨頭の接触面を大きくしている．関節唇の上部は関節窩に固定されてなく動きがあるが，下部は外縁にしっかり付着し動きがない．上腕二頭筋長頭腱は上方関節唇に付着部をもち，この部分を biceps labrum complex（BLC；上腕二頭筋・関節唇複合体）とよんでいる．SLAP（superior labrum anterior to posterior）とはこの部位の損傷である．

　肩関節の関節包は下垂位で緩んだ状態にあり，多方向への広い可動範囲を可能にしている．

関節包は多層のコラーゲン線維の束で，部位によってさまざまな走行性と異なった強度をもっている．関節包前下部の線維が最も強度が高く厚い．肩関節が最大可動範囲に近づくにつれ関節上腕靱帯に張力が働き関節の安定性を高めている．

烏口上腕靱帯は烏口突起から上腕骨頭まで走る靱帯である．関節上腕靱帯は，上・中・下関節上腕靱帯（SGHL, MGHL, IGHL）に分けられる．ローテーターインターバル（rotator interval）とは，肩甲下筋の上縁から棘上筋の前縁までの間で，ここには上関節上腕靱帯と烏口上腕靱帯が位置している．

● 動的支持組織

肩関節の一次的動的支持組織は，ローテーターカフと上腕二頭筋長頭で，二次的動的支持組織は大円筋，広背筋，大胸筋である．これらの筋は主動筋・拮抗筋として肩関節の動きに関与すると同時に，安定筋として上腕骨頭を関節窩の中心に引きつけ動的安定性を高めている．投球障害ではローテーターカフの前部筋と後部筋のバランスが崩れ（通常は後部筋の筋力低下が原因）不安定性が生じる．上腕二頭筋長頭も肩関節の動的安定性に寄与している．

スポーツ動作のなかで上肢筋群は動きを起こしたり（コンセントリック収縮），動きを減速させたり，ストップしたり（いずれもエキセントリック収縮），関節が動かないように安定させたり，隣接する関節に力を伝達するために固定したり（アイソメトリック収縮）と各筋は動きのなかで常に機能的な働きをしている．以下の表には肩甲骨周囲と肩甲上腕関節の筋群の機能的な働きを示した．

筋	コンセントリック機能	アイソメトリック機能	エキセントリック機能
肩甲挙筋	頸椎の伸展と側屈，肩甲骨の挙上と下方回旋の加速	機能的動作のなかで頸椎を安定させる	頸椎の屈曲と側屈，肩甲骨の下制と上方回旋の減速
菱形筋	肩甲骨の内転と下方回旋の加速	肩甲骨を安定させローテーターカフを機能させるための基盤となる	肩甲骨の外転と上方回旋を減速
僧帽筋上部	肩甲骨の挙上，頸椎の伸展・側屈・対側への回旋	頸部と肩関節複合体を安定させる	頸椎の屈曲・側屈・回旋を減速
僧帽筋中部	肩甲骨の内転	機能的動作のなかで肩甲骨を安定させる	肩甲骨の外転と上方回旋を減速
僧帽筋下部	肩甲骨の下制	肩甲骨を安定させる	肩甲骨の挙上を減速
大胸筋	肩関節の屈曲（鎖骨頭）・伸展（胸骨頭）・水平屈曲・内旋	オーバーヘッド動作時，肩関節複合体を安定させる	肩関節の伸展（鎖骨頭）・屈曲（胸骨頭）・水平伸展・外旋の減速
小胸筋	肩甲骨の外転・下制・下方回旋	機能的動作のなかで肩甲骨を安定させる	肩甲骨の内転，挙上，肩関節の伸展・水平伸展・外旋の減速
広背筋	肩関節の伸展・内旋・内転	オーバーヘッド動作時，肩関節複合体を安定させる	肩関節の屈曲・外旋・外転の減速

筋	コンセントリック機能	アイソメトリック機能	エキセントリック機能
大円筋	肩関節の伸展・内旋・内転	機能的動作のなかで肩甲骨を安定させる	肩関節の屈曲・外旋・外転の減速
三角筋前部	肩関節の屈曲・内旋・水平屈曲	機能的動作のなかで肩関節を安定させる，外転運動時中立筋として働く	肩関節の伸展・外旋・水平伸展を減速
三角筋中部	肩関節の外転	機能的動作のなかで肩関節を安定させる	肩関節の内転を減速
三角筋後部	肩関節の伸展・外旋・水平伸展	機能的動作のなかで肩関節を安定させる，外転運動時中和筋として働く	肩関節の屈曲・内旋・水平屈曲を減速
上腕二頭筋	肘関節の屈曲，前腕の回外，肩関節の屈曲	機能的動作のなかで肩関節と橈尺関節の安定性補助	肘関節の伸展，前腕の回内，肩関節の伸展の減速を補助
上腕三頭筋	肘関節の伸展，肩関節の伸展補助	肩関節の安定性補助	肩関節の屈曲と肘関節の屈曲の減速補助
棘上筋	肩関節の外転補助	肩関節を安定させる	肩関節の内転の減速補助
棘下筋	肩関節の外旋	肩関節を安定させる	肩関節の内旋
小円筋	肩関節の外旋	肩関節を安定させる	肩関節の内旋
肩甲下筋	肩関節の内旋	肩関節を安定させる	肩関節の外旋

(NASM, 2001)

C 上肢のファンクショナルアセスメント

① ポスチャ（posture；姿勢）アセスメント

ポスチャアセスメントでは姿勢，肩甲骨の位置，筋の大きさなど肩関節周辺部全体を観察することにより肩の機能不全を誘発する可能性のある要因を見つけ出す．姿勢は側方，後方，前方から観察する．後方からの観察では肩甲骨の位置をみることで多くの情報が得られる．

② モビリティ＆スタビリティアセスメント

モビリティ＆スタビリティアセスメントでは挙上動作や回旋動作など特定の動きをみることで筋のタイトネスや筋力低下，肩甲帯の動的安定性を評価する．

上肢のファンクショナルアセスメントの手順

① ポスチャアセスメント
　　側方から観察
　　後方から観察
　　前方から観察

② モビリティ&スタビリティアセスメント
　　フレクションテスト（Standing Shoulder Flexion Test）
　　ホリゾンタルアブダクションテスト（Horizontal Abduction Test）
　　ローテーションテスト（Rotation Test）
　　エレベーションテスト（Elevation Test）

1 ポスチャアセスメント

a 側方からの観察

チェック ポイント	・頸部の前弯 ・胸部の後弯

(1) アッパークロスシンドローム（upper cross syndrome）

　スポーツ選手によくみられ肩関節の機能に悪影響を及ぼす典型的な姿勢は"アッパークロスシンドローム"として紹介されている．これは選手を側方から観察したとき，頭部が前方に突き出し背中が丸まっている姿勢が特徴的であり，フォワードヘッド&ラウンドショルダー（forward head & rounded shoulders）と表現されている（図1）．

　頸椎の正常なアライメントは，側方から観察したとき頸椎が前方に緩やかにカーブ（前弯）を描き，耳道，頸部中央，肩中央，胸部中央の各点が一直線上に位置する．フォワードヘッド（forward head）では，頸椎の前弯が強く側面からの観察で耳道が前方に位置している．この場合，体の中心より前方に位置する頭部を常に支える状態にあるため，問題としては僧帽筋上部線維，肩甲挙筋，胸鎖乳突筋のタイトネスが考えられる．

　胸・背部の正常なアライメントは，側方から観察したとき胸椎が後方に緩やかにカーブ（後弯）を描き，肩の中心部と胸部中心部は同じ位置にあり，肩甲骨の後面がわずかに見える程度である．ラウンドショルダー（rounded shoulders）では，胸椎の後弯が強く，肩中央部が胸部中央部よりも前方に位置している．この場合，大胸筋，小胸筋，広背筋のタイトネスや前鋸筋，菱形筋，僧帽筋上部・中部の活動低下が考えられる．

　このような静的な姿勢だけでもスポーツで必要とされる動作に影響を及ぼす．オーバーヘッド動作においては，小胸筋のタイトネスが肩甲骨の上方回旋や肩関節の水平伸展の動きを制限し，大胸筋や広背筋のタイトネスが外転位での外旋可動範囲を狭め，前鋸筋と僧帽筋の筋力低下が肩甲帯の動的安定性を低下させている可能性がある．

● 側方からのポスチャアセスメント

アセスメント結果	考えられる原因	考えられる問題点
頭が前方に突き出している（forward head）	僧帽筋上部線維，肩甲挙筋，胸鎖乳突筋のタイトネス	肩甲帯のモビリティ低下

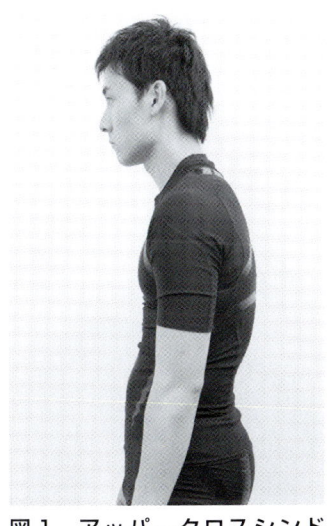

図1 アッパークロスシンドローム

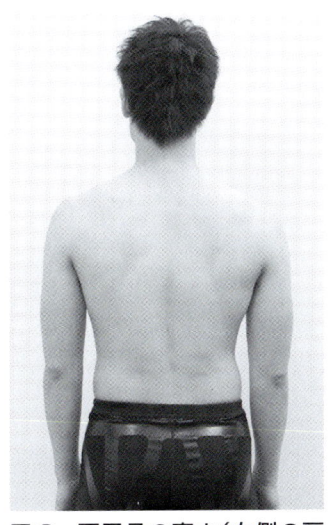

図2 肩甲骨の高さ（右側の肩甲骨が下制位）

アセスメント結果	考えられる原因	考えられる問題点
背中が丸まっている（rounded shoulders）	胸筋，小胸筋，広背筋のタイトネスや前鋸筋，菱形筋，僧帽筋上部・中部の活動低下	肩甲骨の上方回旋・肩関節の水平伸展の可動域制限，肩峰下スペースの狭小

❻ 後方から観察

チェックポイント	・肩の高さ ・下角の後方突出 ・内側縁の後方突出

（1）肩甲骨の高さ（肩甲骨下制位 "depressed scapula"）

　肩甲骨の高さには正常な位置といわれるものと比べて多少の個人差・左右差はみられる．左右での高さに違いがあることは，スポーツ選手のなかでも特に片側上肢を多く使う競技ではよくみられる．野球，テニス，バレーボールなどの選手の多くは，利き腕側の肩甲骨が非利き腕側に比べて低い位置にあるのが特徴である（図2）．理由は諸説あり利き腕の筋量が多いことや利き腕の肩甲骨周囲筋の柔軟性が高いことなどによるといわれている．なかでもテニス選手に多くその差も顕著にみられるため，利き腕側の肩甲骨が低い状態を"tennis shoulder"とよんでいる．これは肩甲骨が下制，外転，下方回旋位にあり，脊柱の側弯症を伴っていることもある．

　このような肩甲骨の静的肢位が肩周辺部の障害の原因となり，テニス，野球，バレーボールでは胸郭出口症候群や腱板損傷のある選手に多くみられる．肩甲骨の外転・下方回旋の肢位では，肩峰部分が下方を向くため肩峰下のスペースが狭くなり，外転位をとったとき腱板にストレスがかかりやすくなる．また通常は上方を向いている関節窩が下方を向いてしまい上腕骨頭の下方への骨制動が弱くなるので，肩関節の不安定性を生じる．肩甲骨の下制位では，肩甲骨

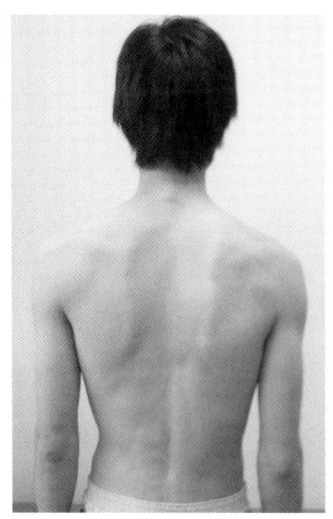

図3 下角の後方突出（右側の肩甲骨が前傾下方回旋位にある）

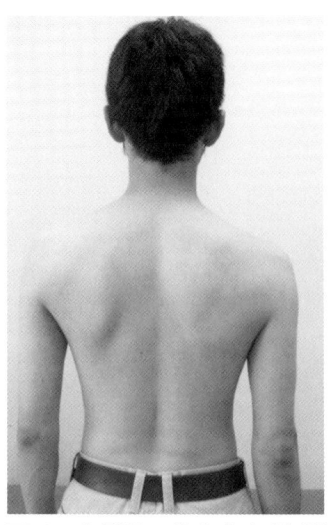

図4 内側縁の後方突出（左側の肩甲骨が内旋位にある）

だけでなく鎖骨も一緒に下制しているため胸郭出口のスペースが狭くなり，そこを通過する軟部組織の絞扼性障害を生じやすくしている．

(2) 下角の後方突出（肩甲骨前傾下方回旋位 "winging scapula"）

　肩甲骨の下角が胸郭から離れ後方に突出している場合，肩甲骨は前傾下方回旋位にあると考えられる（図3）．この場合，肩甲骨の烏口突起に付着部をもつ小胸筋のタイトネスが原因で烏口突起が前下方へ引きつけられ，肩甲骨が前傾下方回旋を強制される．これにより肩甲骨の内転と肩峰の挙上動作が制限される．

　肩甲骨が前傾下方回旋位にあると，投球動作のコッキング期に肩関節が水平伸展すると同時に起こる肩甲骨の内転動作が十分とれなくなる．また下方回旋方向に引きつけられていると，挙上動作で必要な上方回旋が制限され，肩関節の外転動作で代償するようになる．肩甲骨が十分に上方回旋していないということは肩峰も十分に引き上げられていないため，この動きを肩関節の外転で代償すると肩峰下の障害が起こりやすい状態になる．

(3) 内側縁の後方突出（肩甲骨内旋位 "internally rotated scapula"）

　肩甲骨の内側縁が後方に突出している場合，肩甲骨は内旋位にあるととらえる（図4）．これは上腕骨に付着部をもつ大胸筋のタイトネスが原因で，上腕骨を前内側方向に引きつけ肩甲骨はそれに伴い内旋する．それによって水平伸展動作や外転位の外旋動作が制限される．

(4) 棘下窩の凹みと肩甲骨の前傾（with "hands on hip position"）

　親指を後ろに向けて両手を腰にあてた肢位をとらせ，肩甲骨を観察する．この肢位をとることで肩関節は外転45〜50°で内旋位となる（図5）．この肢位で棘下窩の表層にある僧帽筋下部と三角筋後部が棘下窩から外れ棘下筋が確認しやすくなる．棘下窩に凹みが観察できると棘下筋の萎縮が考えられる．オーバーヘッド動作の繰り返しによるオーバーユースや肩甲上神経の絞扼性障害により萎縮が起こる．肩甲骨の前傾（下角の後方突出）が観察できると，肩関節の内旋可動域の低下が考えられる．これは肩関節の後部関節包の拘縮が原因で起こるものが多く，内旋運動時に必要な可動域を確保するために代償動作として肩甲骨を前傾させている．

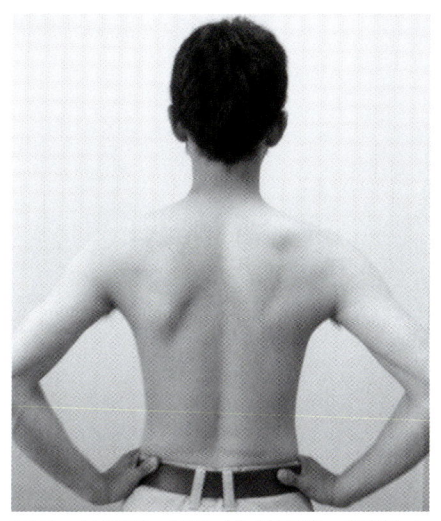

図5　棘下窩の凹み（右棘下筋の萎縮）と肩甲骨の前傾（左肩関節の内旋可動域制限）

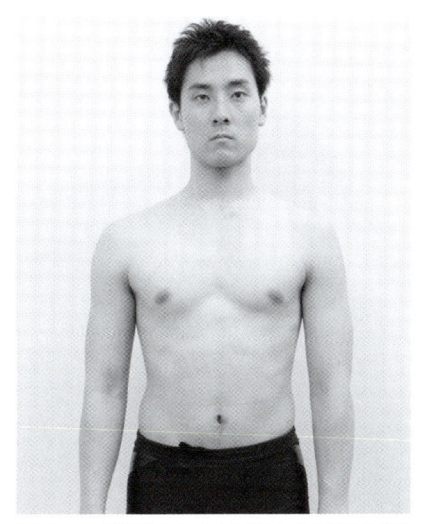

図6　上腕部の向き（左側の上腕が内旋）

● 後方からのポスチャアセスメント		
アセスメント結果	考えられる原因	考えられる問題点
肩甲骨が下制位にある．	鎖骨下制位	胸郭出口狭小，肩峰下スペースの狭小，肩関節の不安定性
肩甲骨が前傾・下方回旋位にある．	小胸筋のタイトネス	インターナルインピンジメントポジション
肩甲骨が内旋位にある．	大胸筋のタイトネス	外転位の外旋可動域制限
棘下窩が凹んでいる．（両手は腰）	棘下筋の萎縮	オーバーユース，肩甲上神経の絞扼性障害
肩甲骨が前傾している．（両手は腰）	後部関節包の拘縮，小円筋・棘下筋のタイトネス	肩関節の内旋可動域制限

● 前方から観察

チェックポイント	・三角胸筋溝の凹み ・上腕部の向き

(1) 三角胸筋溝の凹み

　三角胸筋溝の凹みが深いと，肩全体が前面に位置していると考えられる．これは大胸筋のタイトネスにより肩甲骨が内旋位にあると考えられる．

(2) 上腕部の向き（上腕骨の内旋位 "humeral internal rotation"）

　大胸筋は上腕骨前面に付着部をもつため，肩甲骨の内旋位同様，上腕骨の内旋位も大胸筋のタイトネスの指標となる．これをみるときには上腕二頭筋の筋腹の中心が向いている方向で比較する．より内側を向いていれば内旋位にあると評価する．前腕は屈曲回内筋群のタイトネス

が原因で回内位にあることが多いため，前腕部の回内・回外位で判断しないように注意する（図6）．

● 前方からのポスチャアセスメント

アセスメント結果	考えられる原因	考えられる問題点
三角胸筋溝が深い	大胸筋のタイトネス	外転位の外旋可動域制限
上腕部が内側を向いている．	大胸筋のタイトネス	外転位の外旋可動域制限

❷ モビリティ＆スタビリティアセスメント

ⓐ フレクションテスト Standing Shoulder Flexion Test

動作手順	・壁を背にして，踵，殿部，肩，頭部を壁につけて立つ（図7）． ・腕をまっすぐ伸ばし親指を上に向けて腕を頭上に引き上げ親指を壁につける（図8）．
チェックポイント	・肘関節がのびきっていない． ・肘が外に開く． ・肩が挙上する． ・腰部の前弯が強くなる．

評価

適切でない動作	考えられる問題点
肘関節がのびきっていない． 肘が外に開く．	タイトネス：上腕二頭筋長頭，広背筋，大円筋，大胸筋 活動低下：上腕三頭筋長頭，ローテーターカフ
肩が挙上する．	タイトネス：僧帽筋上部と肩甲挙筋 活動低下：カフ，菱形筋，僧帽筋中・下部
腰部の前弯が強くなる．	タイトネス：脊柱起立筋と広背筋 活動低下：カフ，菱形筋，僧帽筋中・下部

(NASM, 2007)

ⓑ ホリゾンタルアブダクションテスト Horizontal Abduction Test

動作手順	・壁を背にして，踵，殿部，肩，頭部を壁につける． ・腕をまっすぐ伸ばし親指を上に向け，両腕を肩の高さまで持ち上げる（図9）． ・その位置から両腕を開き手の甲を壁につける（図10）．
チェックポイント	・肘関節が伸びきっていない． ・肩関節が前方，上方へ移動する． ・肩が挙上する． ・腰部の前弯が強くなる．

図7 フレクションテスト スタートポジション

図8 フレクションテスト エンドポジション

図9 ホリゾンタルアブダクションテスト スタートポジション

図10 ホリゾンタルアブダクションテスト エンドポジション

C 上肢のファンクショナルアセスメント　57

評価

適切でない動作	考えられる問題点
肘関節が伸びきっていない.	タイトネス：上腕二頭筋長頭 活動低下：上腕三頭筋
肩関節が前方，上方へ移動する.	タイトネス：大，小胸筋 肩関節包後部のタイトネス 活動低下：カフ，菱形筋，僧帽筋中・下部
肩が挙上する.	タイトネス：僧帽筋上部と肩甲挙筋 活動低下：カフ，菱形筋，僧帽筋中・下部
腰部の前弯が強くなる.	タイトネス：脊柱起立筋と大小胸筋 活動低下：カフ，菱形筋，僧帽筋中・下部

(NASM, 2007)

❻ ローテーションテスト Rotation Test

動作手順	・壁を背にして，踵，殿部，肩，頭部を壁につける. ・両肘を肩の高さまで引き上げ肘を 90°に曲げる（図 11）. ・内旋：肘はそのままの高さで手を下げて手のひらを壁に近づける（図 12）. ・外旋：肘はそのままの高さで手を上げて手の甲を壁につける（図 13）.
チェック ポイント	内旋： ・前腕が壁から 20°以上の位置にある. ・肩関節が前方/上方へ移動する. ・肩の挙上. ・腰部の前弯が強くなる. 外旋： ・手の甲が壁につかない. ・腰部の前弯が強くなる.

評価

適切でない動作	考えられる問題点
内旋	
前腕が壁から 20°以上の位置にある.	タイトネス：棘下筋，小円筋 関節包後部のタイトネス 活動低下：肩甲下筋，大円筋
肩関節が前方/上方へ移動する.	肩関節包後部のタイトネス 活動低下：カフ，菱形筋，僧帽筋中・下部
肩の挙上.	タイトネス：僧帽筋上部と肩甲挙筋 活動低下：カフ，菱形筋，僧帽筋中・下部
腰部の前弯が強くなる.	活動低下：カフ，菱形筋，僧帽筋中・下部

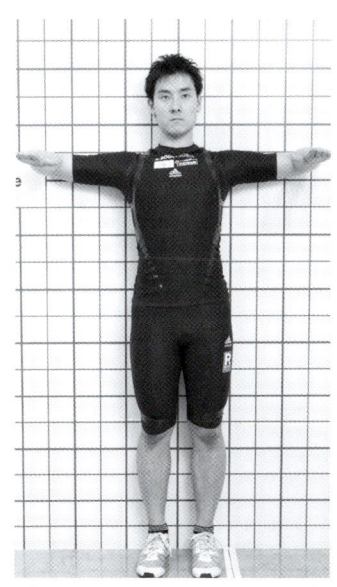

図11 ローテーションテスト スタートポジション　　図12 ローテーションテスト エンドポジション（内旋）　　図13 ローテーションテスト エンドポジション（外旋）

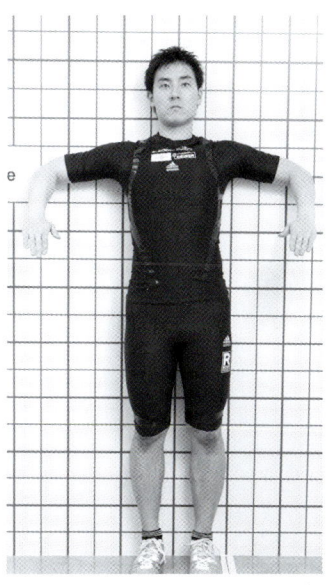

適切でない動作	考えられる問題点
外旋	
手の甲が壁につかない．	タイトネス：肩甲下筋，大胸筋，大円筋，広背筋 活動低下：棘下筋，小円筋
腰部の前弯が強くなる．	活動低下：カフ，菱形筋，僧帽筋中・下部

(NASM, 2007)

d エレベーションテスト Elevation Test

　上肢の挙上動作に伴う肩甲骨の正常な上方回旋は，肩甲骨の下角が胸郭に沿って外側方向へスライドしていく動きである．肩甲帯の機能が低下している場合，腕を上げるときの上方回旋，腕を下げるときの下方回旋がスムースに行われない．特に腕の上げ始めに肩甲骨を固定できずに下方回旋や内旋をしたり，腕を下ろすとき挙上角が90°を通過するあたりで急に下方回旋の動きが早くなったりする．挙上動作で腕の上げ始めは肩甲骨に動きはないが肩甲骨を固定するため上方回旋筋がアイソメトリック収縮し，下ろしてくるときにはゆっくり下方回旋させるため上方回旋筋がエキセントリック収縮する．上げ始めと腕を下ろしてくるときは腕を上げている最中のコンセントリック収縮よりも負荷が強いため肩甲骨の機能的な問題が顕著にみられる．問題がある場合，臨床的にみて肩甲骨の動きは下の3つのパターンに分類される(Kibler et al：Kibler's Classification of Scapular Dysfunction. 2002)．

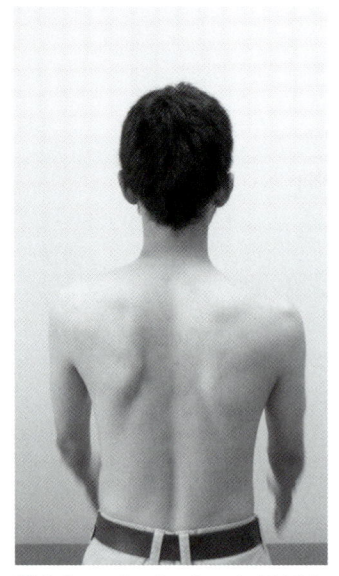

図14 エレベーションテスト スタートポジション

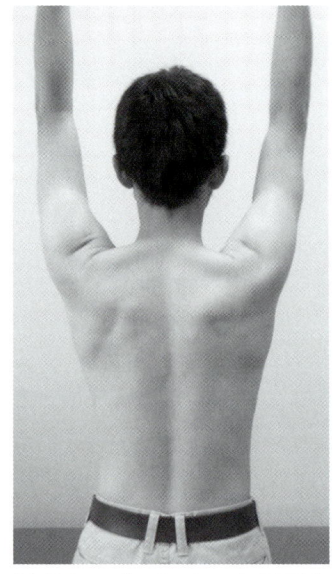

図15 エレベーションテスト エンドポジション

動作手順	・上肢の外転挙上，屈曲挙上時の肩甲骨の動きを後方から観察する． ・外転挙上は親指を外側に向けて，屈曲挙上は親指を前方に向けて行う． ・挙上動作は肘が耳につくぐらいの高さまでゆっくり引き上げてゆっくり下ろす． ・5～10回繰り返す（図14，15）．
チェックポイント	・肩甲骨下角の突出 "inferior angle dysfunction type Ⅰ" ・肩甲骨内側縁の突出 "medial border dysfunction type Ⅱ" ・肩甲骨の挙上 "superior dysfunction type Ⅲ"

(1) 肩甲骨下角の突出 "inferior angle dysfunction type Ⅰ"

矢上面上で肩甲骨が前傾位にあるため下角が後方へ突き出てみえる（図16）．

通常腕を挙上する際には肩甲骨の上方回旋と同時に後傾が起こるが，ここでは逆に前傾しているため肩峰下のスペースが減少する．

腱板障害の選手によくみられるといわれている．

このような動きがみられる場合，原因として考えられるのは，後傾を制限する小胸筋のタイトネスと上方回旋筋の筋力低下および疲労である．

(2) 肩甲骨内側縁の突出 "medial border dysfunction type Ⅱ"

水平面で肩甲骨が内旋位にあるため内側縁が後方へ突き出てみえる（図17）．

内旋位により関節窩が前方を向くため，肩関節の前方不安定症の選手によくみられるといわれている．

原因として考えられるのは，大胸筋，小胸筋のタイトネスと前鋸筋の機能低下である．

(3) 肩甲骨の挙上 "superior dysfunction type Ⅲ"

肩甲骨の上方回旋ができず肩峰を十分に引き上げられないため，代償運動として肩甲骨を挙上してしまう（図18）．

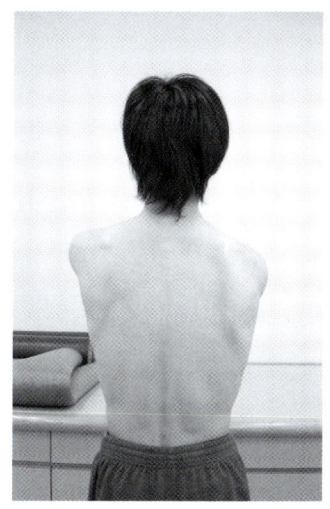

図16 屈曲挙上動作で右側の肩甲骨が前傾しているパターン

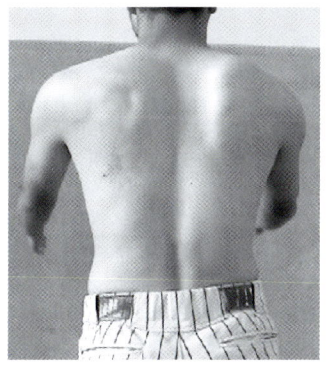

図17 屈曲挙上動作で右側の肩甲骨が内旋しているパターン

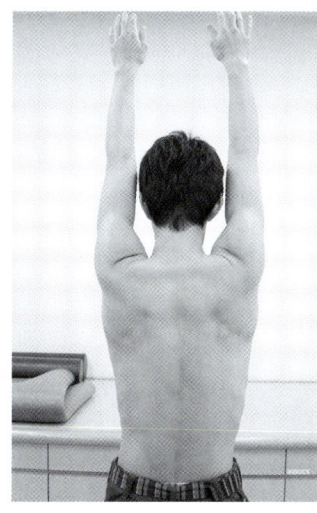

図18 右側の肩甲骨の挙上がみられるパターン

　肩関節の障害により肩関節の外転動作が十分でない場合でも，この肩甲骨の挙上動作がみられる．

　これは肩甲骨の近位部の機能不全ではなく，肩甲骨の遠位部の肩関節の外転可動域制限が主な原因である．

評価

チェックポイント	適切でない動作	考えられる問題点
肩甲骨下角の突出	肩甲骨前傾位	小胸筋のタイトネス，僧帽筋下部と前鋸筋の活動低下
肩甲骨内側縁の突出	肩甲骨内旋位	大胸筋，小胸筋のタイトネス，前鋸筋の活動低下
肩甲骨の挙上	肩関節の外転可動域制限	肩関節の障害や関節包内運動の低下

D　上肢のファンクショナルトレーニングのプログラミング

　上肢のファンクショナルトレーニングでは，ファンクショナルアセスメントで明確になった機能的な問題を解決していく．上肢機能を改善するファンクショナルトレーニングは，以下の3つに分けて考える．
① 上肢筋群のフレキシビリティ改善
② 肩甲帯のストレングスとスタビリティの改善
③ 肩関節のストレングスとスタビリティ改善

1　上肢筋群のフレキシビリティ改善

ファンクショナルアセスメントで上肢関節の動き（主に肩甲帯の動き）を制限している部位が確認された場合，まずはフレキシビリティエクササイズを導入し制限を取り除いてからストレングスとスタビリティエクササイズを開始する．モビリティが改善されていない状態でのトレーニングは正しい動作がとれず隣接した関節に負担がかかるため安全で効果的なファンクショナルトレーニングではなくなる．

2　肩甲帯のストレングスとスタビリティ改善

スポーツ競技の上肢の動きには，腕を上げた肢位で押したり引いたり，さらに高い位置に伸ばしたり，内・外旋方向に回したりというような動作がみられる．よって上肢の基盤である肩甲骨を上方回旋させた（腕を挙上した）状態で胸郭に安定させ続ける機能を獲得することがパフォーマンス改善と障害予防につながる．挙上角が高い肢位では前鋸筋と僧帽筋下部が肩甲骨を上方回旋させるため，これら2つのストレングスが肩甲帯のスタビリティ改善のキーとなってくる．

3　肩関節のストレングスとスタビリティ改善

ローテーターカフは肩関節がどんな肢位にあっても常にその動的安定性（スタビリティ）に寄与している．ローテーターカフのスタビリティエクササイズでは，上肢を挙上した肢位で回旋運動を起こしたとき，上腕骨頭が上方や前方へ動揺するのを抑えてしっかりと関節窩に安定させられる機能を高めることがポイントになる．

E　上肢のファンクショナルエクササイズ

1　上肢筋群のフレキシビリティエクササイズ

● チンタック　Cervical Retraction

目的	・フォワードヘッド＆ラウントショルダーの矯正． ・正しい姿勢をとる訓練．
スタートポジション	・壁を背にして背筋を伸ばし頭と肩は壁につける（図19）．
動作手順	・あごを引き，肩甲骨をひきつけ両肩で壁を押す．
キーポイント	・あごを引くことで頭が前に垂れないようにする．

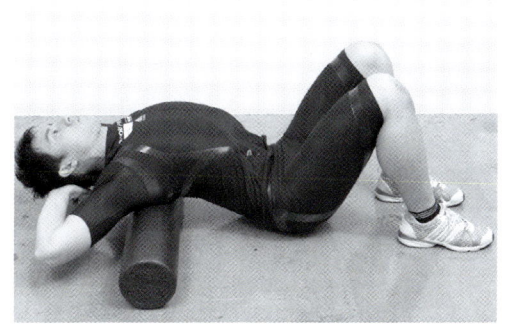

図19　チンタック　　　図20　アッパーバックエクステンション

● アッパーバックエクステンション Thoracic Extension

目的	・ラウンドショルダーの矯正で胸椎の伸展を促す．
スタートポジション	・ストレッチポールを肩甲骨の高さにあわせ，両手は頭の後ろで組み肘は外側に開く（図20）．
動作手順	・胸椎の伸展と屈曲をゆっくり繰り返す．
キーポイント	・ストレッチポールが下がりすぎて腰椎の伸展にならないようにする．

● アッパートラップストレッチ Upper Trapezius（僧帽筋上部）

目的	・肩甲帯の正常な動きを制限する可能性のある筋のタイトネスを改善する．
スタートポジション	・座位で姿勢を正し，伸ばしたいほうの手を椅子の下に掛ける．
動作手順	・もう一方の手で頭を側屈させる（図21）．
キーポイント	・体幹の側屈がはいらないようにする．
応用	・手をかけるところがなければ，拳を握り床方向に引き下げる．

● レベータースキャプラストレッチ Levator Scapulae（肩甲挙筋）

目的	・肩甲帯の正常な動きを制限する可能性のある筋のタイトネスを改善する．
スタートポジション	・座位で姿勢を正す． ・伸ばしたいほうの手を椅子の下に掛ける．
動作手順	・側屈・回旋した頭を屈曲方向に引き下げる（図22）．

図21　アッパートラップストレッチ 　　図22　レベータースキャプラストレッチ 　　図23　レベータースキャプラストレッチ 応用

キーポイント	・頭のポジションは脇の下をみるような体勢. ・背中が丸まらないようにする.
応用	・伸ばしたい側の手を首の後ろへ回す（図23）. ・この挙上動作により肩甲骨が上方回旋し，下方回旋筋である肩甲挙筋が引き下げられる.

● ペックスメジャーストレッチ Pectoralis Major（大胸筋）

目的	・肩甲帯の正常な動きを制限する可能性のある筋のタイトネスを改善する.
スタートポジション	・背臥位で足をクロスさせ殿部を固定する（図24）. ・背臥位で肩肘90°に開き肘を固定する（図25）.
動作手順	・肩肘関節90°で肘を下げる（図24）. ・両膝を90°に曲げて左右に回旋する（図25）.
キーポイント	・肩の外転角を変化させることで伸ばす部位をかえる.

● ペックスマイナーストレッチ Pectoralis Minor（小胸筋）

目的	・肩甲帯の正常な動きを制限する可能性のある筋のタイトネスを改善する.
スタートポジション	・ストレッチポールの上に仰向けになる.
動作手順	・肩鎖関節あたりに手をかけ両肩を押し込む（図26）.

● ラットストレッチ Latissimus Dorsi（広背筋）

目的	・肩甲帯の正常な動きを制限する可能性のある筋のタイトネスを改善する.

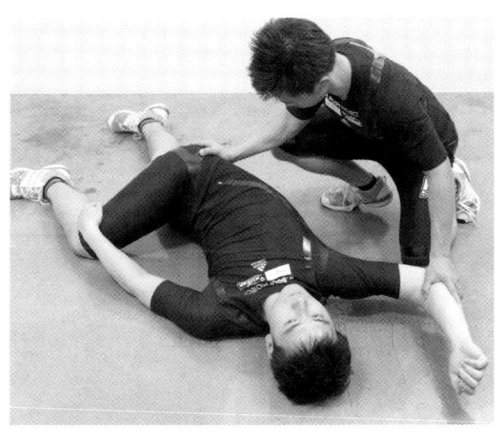

図24　ペックスメジャーストレッチ

図25　ペックスメジャーストレッチ

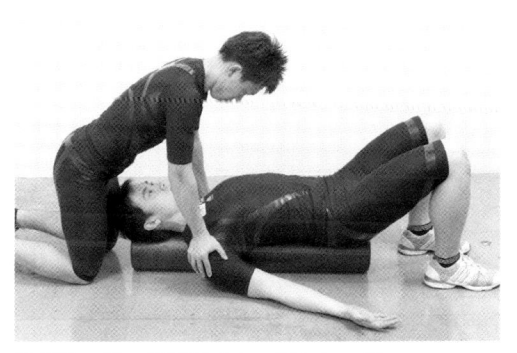

図26　ペックスマイナーストレッチ

図27　ラットストレッチ

図28　ラットストレッチ

図29　テレスメジャーストレッチ

スタートポジションと動作手順	・床に座り膝を曲げて足を開いて前かがみになる． ・手のひらを上にして手を握り，斜め方向に引きつける（図27）． ・四つん這いで手の甲をボールにのせて斜め前方にボールを転がす（図28）．
キーポイント	・前屈と側屈で伸ばす角度を調節する．

E　上肢のファンクショナルエクササイズ

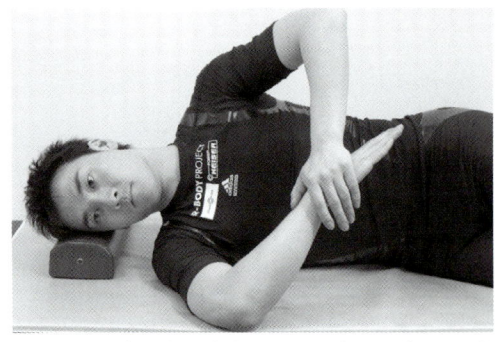

図 30　エクスターナルローテーターストレッチ　　図 31　エクスターナルローテーターストレッチ

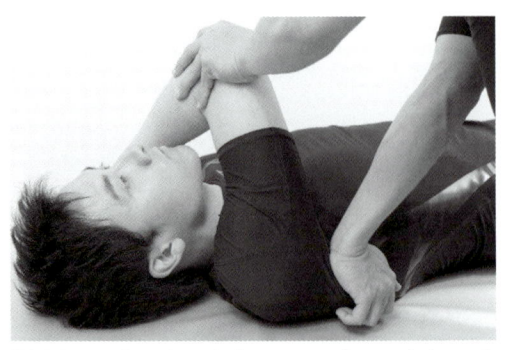

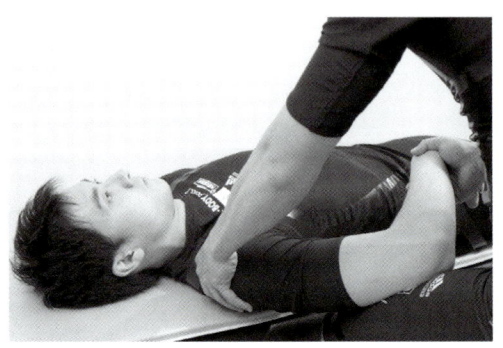

図 32　エクスターナルローテーターストレッチ

● テレスメジャーストレッチ　Teres Major（大円筋）

目的	・肩甲帯の正常な動きを制限する可能性のある筋のタイトネスを改善する.
スタートポジション	・背臥位で肩関節屈曲位をとる.
動作手順	・体側にでてきた肩甲骨外側縁を固定し，肩関節を屈曲方向に伸ばす（図 29）.
キーポイント	・肩関節上方部のつまり感や痛みに注意する.
応用	・ストレッチポール

● エクスターナルローテーターストレッチ　Glenohumeral External Rotators（肩関節外旋筋群）

目的	・肩甲帯の正常な動きを制限する可能性のある筋のタイトネスを改善する.
スタートポジションと動作手順	・側臥位で肩関節屈曲 70°肘 90°をとり前腕を内旋方向へ倒す（図 30）. ・背臥位で肩関節屈曲 90°をとり，肩甲骨外側縁を固定し水平屈曲方向へ伸ばす（図 31）. ・背臥位で肩肘関節 90°をとり烏口突起を固定し，内旋方向に伸ばす（図 32）.
キーポイント	・肩甲骨が固定されていること. ・肩の上方，前方のつまり感や痛みに注意.

図33 アームレッグプッシュアップ

2 肩甲帯のストレングスとスタビリティエクササイズ

ⓐ ストレングスエクササイズ

(1) 前鋸筋強化種目

● アームレッグプッシュアップ Arm & Leg Push Up with a Plus

目的	・肩甲骨の上方回旋に働く前鋸筋と僧帽筋下部のストレングスを改善する.
スタートポジション	・片手逆足を上げて上肢,体幹,下肢をまっすぐに伸ばす. ・支えているほうの肩甲骨を内転させて胸を落とす.
動作手順	・肩甲骨を外転させながら上背部を引き上げる(図33).
キーポイント	・体を引き上げるときに体幹の回旋が入らないようにする.
応用	・フォーポイントプラス ・プッシュアップポジションで肩甲骨の内転・外転運動を行う.

● ケーブルダイナミックハグ Cable Dynamic Hug

目的	・肩甲骨の上方回旋に働く前鋸筋と僧帽筋下部のストレングスを改善する.
スタートポジション	・手のひらを正面に向けてケーブルを握り,腕を体側に下ろす.
動作手順	・ケーブルを引き上げながら,腕をできる限り前方へ突き出し(肩甲骨を外転させながら)屈曲120°まで上げる(図34).
キーポイント	・やや外側から人に抱きつくような動きで引き上げる.
応用	・チューブやダンベルで同じ動作を行う(図35, 36).

● ケーブルプッシュアウト Cable Push Out

目的	・肩甲骨の上方回旋に働く前鋸筋と僧帽筋下部のストレングスを改善する.
スタートポジション	・ケーブルを握り,腕をまっすぐ伸ばし肩甲骨面上に挙上する. ・肩甲骨は内転位をとる.
動作手順	・肩甲骨を肩甲骨面上で外側へ引き出しながら,腕を前方へ突き出す(図37).

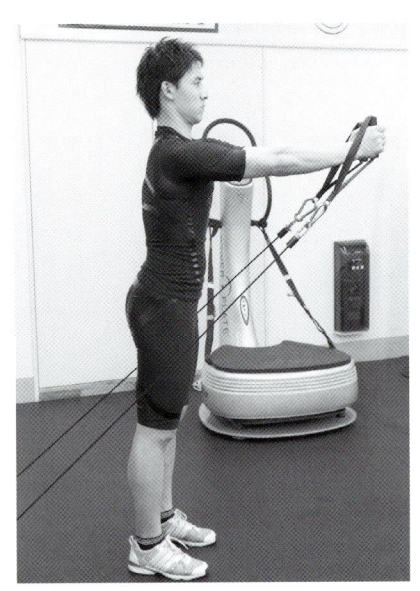

図34　ケーブルダイナミックハグ

図35　ケーブルダイナミックハグ 応用

図36　ケーブルダイナミックハグ 応用

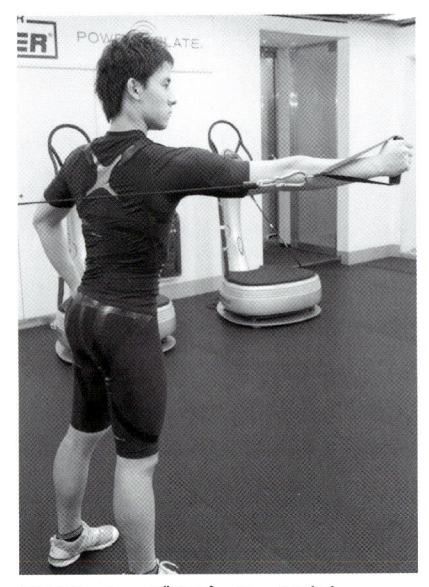

図37　ケーブルプッシュアウト

キーポイント	・体幹の動きが含まれないように．
応用	・チューブ ・ダンベル

● ケーブルブラックバーン Cable Blackburn

目的	・肩甲骨の上方回旋に働く前鋸筋と僧帽筋下部のストレングスを改善する．

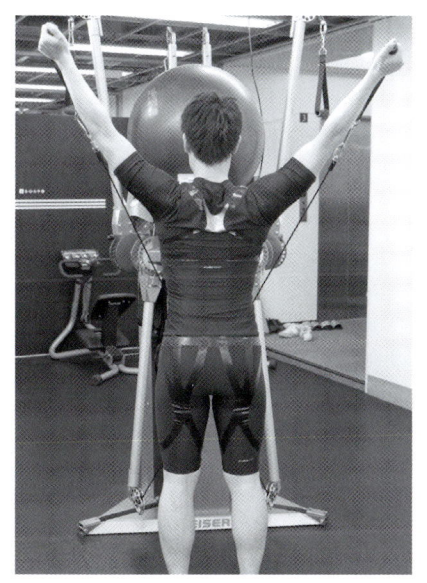

図38 ケーブルブラックバーン　　図39 ボザー

スタートポジション	・ケーブルを握り，体の前面で親指を下に向け両手をそろえる．
動作手順	・ケーブルを体の前面で斜めに引き上げる（図38）． ・引き上げたとき外転150°程度になるようにする． ・肩を外旋させながら引き上げフィニッシュでは親指を後方に向ける．
キーポイント	・胸をはり最後までしっかり引きつける．
応用	・チューブ

(2) 僧帽筋下部強化種目

● ボザー Bilateral External Rotation (ER)

目的	・肩甲骨の上方回旋に働く前鋸筋と僧帽筋下部のストレングスを改善する．
スタートポジション	・肩甲骨は内転・下制位を保持し，肘は90°に曲げて体側につけチューブを回外位で持つ．
動作手順	・外旋45°程度まで引き出す（図39）．
キーポイント	・肘を外側へ開かないようにする． ・戻すときも肩甲骨は内転・下制を保持する．

● ケーブルプルイン Cable Pull In

目的	・肩甲骨の上方回旋に働く前鋸筋と僧帽筋下部のストレングスを改善する．
スタートポジション	・ケーブルを握り親指は下に向け，肩甲骨面上に腕を伸ばす．

E 上肢のファンクショナルエクササイズ

図40　ケーブルプルイン

図41　ケーブルプルダウン

図42　バランスボールブラックバーン

動作手順	・肘を体側へ引きつけ，肩甲骨を内転・下制させる（図40）.
キーポイント	・肩を挙上させないようにする.

● ケーブルプルダウン　Cable Pull Down

目的	・肩甲骨の上方回旋に働く前鋸筋と僧帽筋下部のストレングスを改善する.
スタートポジション	・ラットプルダウンを行う体勢をとる.
動作手順	・腕は伸ばしたまま肩甲骨を内転下制させる（図41）.
キーポイント	・肘が曲がらないようにする.

図43 ボールスラップ　　　図44 ボックスステップアップ

● バランスボールブラックバーン　Balance Ball（BB）Blackburn

目的	・肩甲骨の上方回旋に働く前鋸筋と僧帽筋下部のストレングスを改善する.
スタートポジション	・バランスボールの上にうつ伏せになりへそがボールの上にくるようにする. ・あごを引いて体幹と下肢をまっすぐ伸ばす.
動作手順	・肩甲骨を内転・下制させてから肩甲骨面挙上を行う（図42）.
キーポイント	・ダンベルを引き上げる前に肩甲骨をしっかり固定する.

❻ スタビリティエクササイズ
● ボールスラップ　Ball Slap

目的	・プッシュアップポジションでのスタビリティを改善する.
スタートポジション	・プッシュアップポジションに肩甲骨の外転を加えた体勢を保持する.
動作手順	・体の前のボールを転がして左右に移動させる（図43）.
キーポイント	・肩甲骨の外転位は常に維持する.

● ボックスステップアップ　Box Step Up

目的	・プッシュアップポジションでのスタビリティを改善する.
スタートポジション	・プッシュアップポジションで片手をボックスにのせる.
動作手順	・もう一方の手をボックスの高さまで引き上げる（図44）.
キーポイント	・体幹の回旋を最小限にする.

E　上肢のファンクショナルエクササイズ

図45 ウインドミル　　図46 バランスボールシェイク

● ウインドミル Windmill（Push Up with Plus Position）

目的	・プッシュアップポジションでのスタビリティを改善する.
スタートポジション	・プッシュアップポジションに肩甲骨の外転を加えた体勢を保持する.
動作手順	・体全体を開き横向きになる（図45）.

● バランスボールシェイク BB Shake

目的	・プッシュアップポジションでのスタビリティを改善する.
スタートポジション	・プッシュアップポジションでバランスボールに両手を肩幅程度に開き，肩甲骨は外転位を保持する（図46）.
動作手順	・バランスボールを前後左右に小さく早く動かす.
キーポイント	・体全体が一直線を保持できるようにする.
応用	・シングルレッグ ・閉眼

❸ 肩関節のストレングスとスタビリティエクササイズ

ⓐ ストレングスエクササイズ

● バランスボールホリゾンタルアブダクション BB Prone Horizontal Abduction at 100°with Full ER

目的	・肩関節の外旋筋のストレングスを改善する.

図47 バランスボールホリゾンタルアブダクション

図48 バランスボールエクスターナルローテーション

スタートポジション	・バランスボールの上にうつ伏せになり，あごを引いて体幹と下肢はまっすぐにする． ・肩は外旋位（親指を上方に向けた肢位）をとる．
動作手順	・肩甲骨を内転・下制させてから水平伸展動作を行う（図47）．
キーポイント	・ダンベルを引き上げる前に肩甲骨をしっかり内転・下制させ，挙上しないようにする．

● バランスボールエクスターナルローテーション BB ER at 90°Abduction

目的	・肩関節の外旋筋のストレングスを改善する．
スタートポジション	・バランスボールの上にうつ伏せになり，あごを引いて体幹と下肢をまっすぐにする． ・肩甲骨は内転・下制位をとり肩肘は90°に曲げる．
動作手順	・肩関節を外旋させる（図48）．
キーポイント	・肘関節を中心に回旋動作を行う．外旋とともに肘が下がらないようにする．

● シングルレッグケーブルローテーション Single Leg (SL) Cable External Rotation/Internal Rotation (ER/IR)

目的	・肩関節の外旋筋のストレングスを改善する．
スタートポジション	・片足立ちで肘は体側で90°に曲げる． ・肩甲骨は内転・下制位をとる．

E 上肢のファンクショナルエクササイズ

図49　シングルレッグケーブルローテーション

図50　シングルレッグケーブルローテーション（セカンドポジション）

図51　シングルレッグケーブルフォロースルースタートポジション

動作手順	・外旋の場合，ケーブルを外側に引き出す（図49）． ・内旋の場合，ケーブルを内側に引きつける．
キーポイント	・内外旋している間，肩甲骨は内転・下制位に固定する．

● シングルレッグケーブルローテーション（セカンドポジション）SL Cable ER/IR at 90°

目的	・体幹・下肢を含めたキネティックチェーンを利用し3面での動きを行うなかで外旋筋のストレングスを改善する．

図52 シングルレッグケーブ　　図53 シングルレッグウォー
　　　ルフォロースルー応用　　　　　ルドリブル

スタートポジション	・片足立ちで肩，肘は90°に曲げる. ・肩甲骨は内転・下制位をとる.
動作手順	・外旋の場合，ケーブルの方向を向いて肘を中心に外旋する（図50）. ・内旋の場合，ケーブルを背にして肘を中心に内旋する.
キーポイント	・内外旋している間，肩甲骨は内転・下制位に固定する. ・骨盤は平行にし，体幹が側屈しないようにする.

● シングルレッグケーブルフォロースルー SL Cable Follow Through

目的	・体幹・下肢を含めたキネティックチェーンを利用し3面での動きを行うなかで外旋筋のストレングスを改善する.
スタートポジション	・ケーブルは内側30°の方向に合わせる. ・片足スクワットの沈んだ体勢から上体を前傾させ腕を前に伸ばす（図51）.
動作手順	・上体を起こしながら，はじめに肩甲骨を内転・下制させて肘は外転90°まで引き上げる. ・次に肘を中心に外旋する.
応用	・肩甲骨と肩の動きを2段階に分けずにPNF D2の動きでケーブルを引き上げる（図52）.

ⓑ スタビリティエクササイズ
● シングルレッグウォールドリブル SL Wall Dribble

目的	・肩関節外転位でのオープンキネティックチェーンのスタビリティを改善する.

図54　シングルレッグボール
ロール

図55　シングルレッグボール
ロール応用

スタートポジション	・片足立ちで肩甲骨を内転・下制させ肩肘は90°をとる.
動作手順	・ドリブルをするようにメディスンボールを壁にバウンドさせる（図53）.
キーポイント	・骨盤は平行にする. ・外旋方向の動きはできるだけ大きくとる.

● シングルレッグボールロール SL Ball Roll

目的	・肩関節外転位でのオープンキネティックチェーンのスタビリティを改善する.
スタートポジション	・片足立ちで肩甲骨面上で肩の高さまで腕を上げメディスンボールを壁にあてて強く押し込む（図54）.
動作手順	・上下，左右，時計回り，逆時計回りと方向を変えながら，できるだけ早く小刻みに小さな動きを連続する.
キーポイント	・肩が挙上しないようにする. ・壁側の股関節が落ちないようにする.
応用	・屈曲90°で同様の動作を行う（図55）. ・外転90°で同様の動作を行う（図56）.

● ダンベルローテーション Dumbbell（DB）Rotation

目的	・肩関節外転位でのオープンキネティックチェーンのスタビリティを改善する.

図56　シングルレッグボールロール応用

図57　ダンベルローテーション

図58　メディシンボールキャッチ

スタートポジション	・片足立ちで外転120°をとる（図57）．
動作手順	・ダンベルを回すように肩の可動範囲全体で内外旋させる．
キーポイント	・外旋するときは肩甲骨を後傾，内旋するときは肩甲骨の前傾を大きくとる．

● メディシンボールキャッチ　Medicine Ball (MB) Catch

目的	・肩関節外転位でのオープンキネティックチェーンのスタビリティを改善する
スタートポジション	・ツーポイントの体勢で体幹と下肢は一直線に伸ばす． ・肩肘は90°に曲げてメディスンボールを持つ．
動作手順	・ボールを放しては取るという動きを素早く連続する（図58）．
キーポイント	・肩甲骨は常に内転・下制位を保持し，僧帽筋上部による挙上が起こらないようにする．

E　上肢のファンクショナルエクササイズ

図59 ボディブレード　　　　　　　図60 シングルアームバランスボールダンベルプレス

応用	・バランスボールの上で片足片手を上げて行う.

● ボディブレード Bodyblade ER

目的	・肩関節外転位でのオープンキネティックチェーンのスタビリティを改善する.
スタートポジション	・ツーポイントの体勢で体幹と下肢をまっすぐ伸ばす. ・肩肘は90°に曲げてボディブレードをもつ.
動作手順	・体の動きを固定した状態で，ボディブレードを小刻みに振る（図59）.
キーポイント	・肩甲骨は常に内転・下制位を保持する. ・体が開いてこないようにする.
応用	・バランスボールの上で片手片足を上げて行う.

4 胸部のストレングスエクササイズ

● シングルアームバランスボールダンベルプレス Single Arm（SA）BB Chest Press

目的	・主に胸筋と上腕三頭筋のストレングスを改善する.
スタートポジション	・バランスボールに両肩と頭をのせ，股関節伸展位，膝関節90°をとる. ・足は肩幅程度に開く.
動作手順	・片側でダンベルチェストプレスを行う（図60）.
キーポイント	・膝が開きすぎたり内側に入ったりしないようにする. ・お尻が落ちないようにする. ・バランスボールが左右に揺れないようにする.

● バランスボールプッシュアップ BB Push Up ①

目的	・主に胸筋と上腕三頭筋のストレングスを改善する.

図61　バランスボールプッシュアップ① 　　図62　バランスボールプッシュアップ②

スタートポジション	・両足つま先をバランスボールに乗せ，体をまっすぐに伸ばした体勢を保持する．
動作手順	・バランスをとりながらプッシュアップをする（図61）．
キーポイント	・沈んだときに腰部の伸展が強くならないようにする． ・負荷が強すぎる場合，両すねあるいは両膝をボールの上にのせる． ・バランスがとりづらい場合，両足をやや開く．
応用	・ボールに片足だけのせて行う．

● バランスボールプッシュアップ BB Push Up ②

目的	・主に胸筋と上腕三頭筋のストレングスを改善する．
スタートポジション	・両手をバランスボールに乗せ，肩幅程度に開き指先は外側45°を向ける． ・体をまっすぐ伸ばした体勢を保持する．
動作手順	・バランスをとりながら腕立て伏せをする（図62）．
キーポイント	・沈んだときにへそが下がり腰部の伸展が強くならないようにする．
応用	・シングルレッグ

● シングルアームケーブルプレス SA Cable Chest Press

目的	・主に胸筋と上腕三頭筋のストレングスを改善する．
スタートポジション	・肘は肩の高さで，両足は肩幅程度に開く．
動作手順	・片側でチェストプレスを行う（図63）．

● シングルアームケーブルリバーススキャプション SA Cable Reverse Scaption

目的	・主に胸筋と上腕三頭筋のストレングスを改善する．
スタートポジション	・肩甲骨面で肩の高さに腕を上げる． ・両足は前後に開く．
動作手順	・肩甲骨面上でケーブルを体側まで引き下げる（図64）．

E　上肢のファンクショナルエクササイズ

図63 シングルアームケーブルプレス

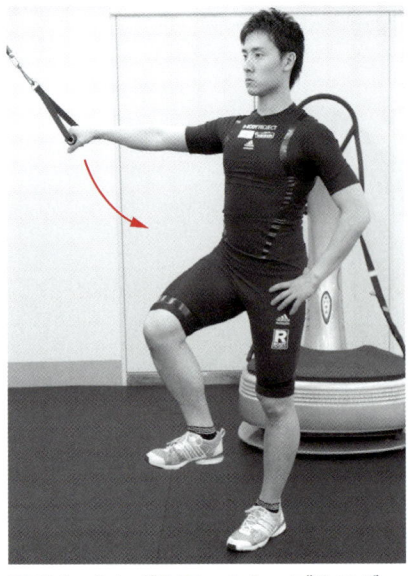

図64 シングルアームケーブルリバーススキャプション

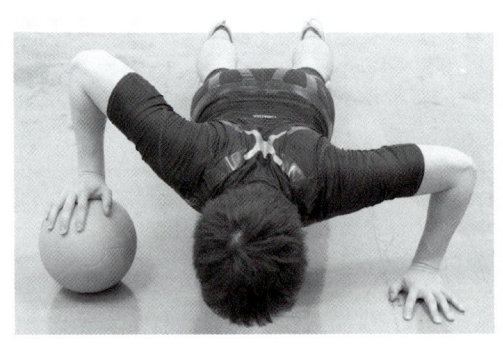

図65 メディシンボールプッシュアップ

図66 バランスボールプッシュアッププライオ

● メディシンボールプッシュアップ MB Push Up

目的	・主に胸筋と上腕三頭筋のストレングスを改善する.
スタートポジション	・片手は床にもう一方の手はメディスンボールにのせる.
動作手順	・一度沈んでから体を押し上げるときのタイミングで手を置き換えて逆方向で同じようにプッシュアップをする (図65).
キーポイント	・沈んだとき腰椎の伸展が強くならないようにする.

● バランスボールプッシュアッププライオ BB Push Up Plyo

目的	・主に胸筋と上腕三頭筋のストレングスを改善する.

図67 バランスボールダンベルロー　　図68 バランスボールコブラ

スタートポジション	・両すねでバランスボールを挟むようにしてのせる. ・プッシュアップポジションをとる.
動作手順	・プッシュアップで勢いをつけながら床から両手をはなす(図66).
キーポイント	・沈んだときに腰部の伸展が強くならないようにする.

5 背部のストレングスエクササイズ

● バランスボールダンベルロー BB DB Row

目的	・主に背部の筋群と上腕二頭筋のストレングスを改善する.
スタートポジション	・バランスボールにうつ伏せで, あごを引き体をまっすぐに伸ばす.
動作手順	・肩甲骨の内転と肩の水平伸展(図67).
キーポイント	・ダンベルを上げる動きに合わせて上体を反ったり, 下げるときに上体をリラックスさせたりしない.
応用	・片手ずつ交互に引き上げる.

● バランスボールコブラ BB Cobra

目的	・主に背部の筋群と上腕二頭筋のストレングスを改善する.
スタートポジション	・バランスボールの上にうつ伏せになり, あごを引いて体をまっすぐ伸ばす.
動作手順	・肩甲骨を内転・下制させてから, 親指を外側に向けながら(肩関節を外旋させながら)肩を伸展する(図68).
キーポイント	・ダンベルを引き上げる前に肩甲骨をしっかり固定する.

● バランスボールプルアップ BB Pull Up

目的	・主に背部の筋群と上腕二頭筋のストレングスを改善する.

図69　バランスボールプルアップ

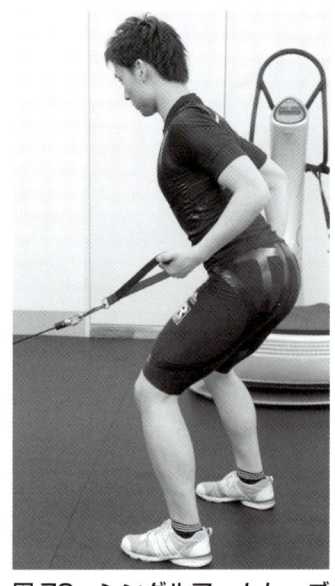

図70　シングルアームケーブルロー

スタートポジション	・プルアップの体勢をとり両足をボールにのせ体をまっすぐに伸ばす.
動作手順	・肩甲骨の内転，肩の水平伸展で体を引き上げる（図69）.
キーポイント	・おしりが落ちないようにする.
応用	・ボールに片足だけをのせて行う.

● シングルアームケーブルロー　SA Cable Row

目的	・主に背部の筋群と上腕二頭筋のストレングスを改善する.
スタートポジション	・ケーブルは膝の高さとする. ・両足は肩幅程度に開く.
動作手順	・肩甲骨の内転，肩の伸展でケーブルを引きつける（図70）.
キーポイント	・肩甲骨の挙上が入らないようにする.
応用	・シングルレッグシングルアーム

● シングルアームケーブルプルダウン　SA Cable Pulldown

目的	・主に背部の筋群と上腕二頭筋のストレングスを改善する.
スタートポジション	・ケーブルは肩甲骨面挙上150°程度の高さとする. ・両足は肩幅程度に開く.
動作手順	・ラットプルダウンと同じ動きでケーブルを引きつける（図71）.
キーポイント	・体幹の側屈が入らないようにする.
応用	・シングルレッグシングルアーム

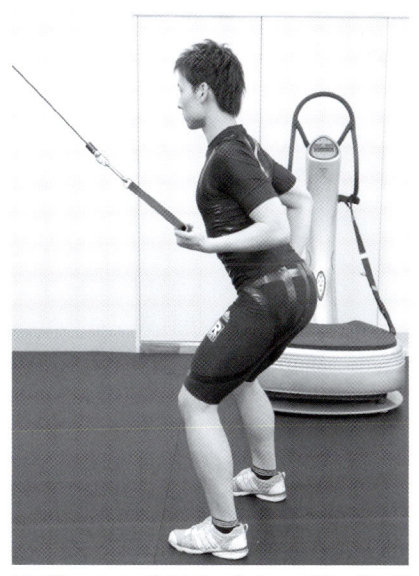

図71　シングルアームケーブルプルダウン

図72　ショルダーフレクション

6 肩のストレングスエクササイズ

● ショルダーフレクション Shoulder Flexion

目的	・三角筋を中心としたストレングスを改善する.
スタートポジション	・ダンベルをもった逆側で片足立ちする. ・膝をやや曲げた体勢で肩甲骨を内転・下制させる（図72）.
動作手順	・肩を屈曲させ90°まで上げる.
キーポイント	・体幹が側屈しないようにする.

● ショルダーアブダクション Shoulder Abduction

目的	・三角筋を中心としたストレングスを改善する.
スタートポジション	・ダンベルをもった逆側で片足立ちする. ・膝をやや曲げた体勢で肩甲骨を内転・下制させる.
動作手順	・肩を外転させ90°まで上げる（図73）.
キーポイント	・体幹が側屈しないようにする.

● ショルダースキャプション Shoulder Scaption

目的	・三角筋を中心としたストレングスを改善する.
スタートポジション	・ダンベルをもった逆側で片足立ちする. ・膝をやや曲げた体勢で肩甲骨を内転・下制させる.
動作手順	・肩甲骨面上で90°まで引き上げる（図74）.

図73 ショルダーアブダクション

図74 ショルダースキャプション

図75 ショルダーミリタリープレス

図76 シングルレッグケーブルダイアゴナル

| キーポイント | ・体幹が側屈しないようにする. |

● ショルダーミリタリープレス Shoulder Military Press

目的	・三角筋を中心としたストレングスを改善する.
スタートポジション	・ダンベルをもった逆側で片足立ちする. ・ダンベルを肩の高さに保持する. ・膝をやや曲げた体勢で肩甲骨を内転・下制させる.
動作手順	・ダンベルを頭上に押し上げる（図75）.
キーポイント	・体幹が側屈しないようにする.

● シングルレッグケーブルダイアゴナル SL Cable Shoulder Diagonal

目的	・三角筋を中心としたストレングスを改善する.
スタートポジション	・片足立ちする（引く方向で足が変わる）.
動作手順	・ケーブルを体の前でクロスさせ，肘を曲げながら引きつけ手が胸を通過するようにする. ・引く方向は4方向あり右手で行う場合, ① 右股関節外側から左肩の上までひきあげる（右足立ち）（図76）. ② 右肩の上から左股関節外側まで引き下げる（右足立ち）. ③ 左股関節外側から右肩の上まで引き上げる（左足立ち）. ④ 左肩の上から右股関節まで引き下げる（左足立ち）.
キーポイント	・体幹の動きが生じないようにする.

（渡部賢一）

参考文献

- National Academy of Sports Medicine（NASM）：Performance Enhancement Specialist（PES）Online Manual. NASM, 2001.
- Todd S. Ellenbecker：Clinical Examination of the Shoulder. Elsevier Saunders, 2004.
- National Academy of Sports Medicine（NASM）：Corrective Exercise Specialist（CES）Online Manual. NASM, 2007.
- Ludewig, P. M et al：The association of scapular kinematics and glenohumeral joint pathologies. Journal of Orthopaedic & Sports Physical Therapy 2009 , 39(2)：90-104.
- Sumant G. Krishnan：The Shoulder and the Overhead Athlete. Lippincott Williams & Wilkins, 2004.
- Reinold et al：Current concepts in the scientific and clinical rationale behind exercises for glenohumeral and scapulothoracic musculature. Journal of Orthopaedic & Sports Physical Therapy 2009；39(2)：105-117.
- Donald A. Nuemann：Kinesiology of the Musculoskeletal System Foundations for Physical Rehabilitation. Mosby Inc., 2002.
- Paula M. Ludewig et al：The association of scapular kinematics and glenohumeral joint pathologies. Journal of Orthopaedic & Sports Physical Therapy 2009；39(2)：90-104.
- W. Ben Kibler et al：Chapter 17 Scapulothoracic Problems in Overhead Athletes, The Shoulder and the Overhead Athlete, Lippincott Williams & Wilkins 2004.
- Kevin E. Wilk et al：Current concepts：The stabilizing structures of the glenohumeral joint. Journal of Orthopaedic & Sports Physical Therapy 1997；25(6)：364-379.

IV

体幹のファンクショナルトレーニング

A 体幹のファンクショナルトレーニングの基礎

　体幹のファンクショナルトレーニングについて説明する前に，「体幹」について定義する．体幹は，文字どおり身体の軸となる部分の総称であるため，具体的な関節や筋を指してはいない．また，機能解剖学的な視点での見解の一つに，体幹を「lumbo-pelvic-hip complex（腰椎-骨盤-股関節複合体）」と表現することが多くある．これを第Ⅰ章の原則に照らし合わせてみると，lumbo-pelvic joint（腰椎-骨盤関節）はスタビリティ関節で，hip joint（股関節）はモビリティ関節であることから，lumbo-pelvic-hip complex には2つの役割があると考えられる．

　しかし，ファンクショナルトレーニングにおける「分離と協同」の原則を踏まえると，体幹の役割は1つに限定したほうが説明しやすい．このことから，本書では，体幹を hip joint を除いた「lumbo-pelvic joint」と定義する．

　では，体幹のファンクショナルな役割とは何であろうか．第Ⅰ章の5原則に沿って説明する．

① ファンクショナルな動作のなかで，体幹筋群を含む全身すべての筋は，重力に抵抗する力が発生したときに自動的に機能する．たとえば，腹筋群の機能に腰椎の屈曲があるが，立位における腹筋群の機能は，動作時に上体が後ろに倒れそうになったとき，それに耐えるために（つまり重力に逆らうために）機能する．

② 体幹(lumbo-pelvic joint)は，可動域の少ないスタビリティ関節であるから，ファンクショナルな動作を行う際の役割は「固定」である．また，体幹自体を固定するだけでなく，固定によって体幹に隣合う関節である股関節および胸椎に適切な動きを促す機能をもっている．

③ ファンクショナルな動作は，全身のキネティックチェーンを利用して生みだされるが，そのチェーンのほとんどは体幹を通過している．手足をムチのように使うために，足の力を手に，手の力を足に効率よく伝達しなければならない．その伝達された力をムチのように機能させるためには（手足の関節を素早く動かすには），力の通り道である体幹は固定されなければならない．たとえば，紙の真ん中をもって，紙の両方の先を素早くなびかせるには，むやみに大きく動かすより，真ん中を手のひらでしっかりと固定して小刻みに動かしたほうが容易になびくであろう．

④ 体幹はスタビリティ関節であるが，lumbo-pelvic joint も関節であるので，動作のなかで正常可動域内において動くことができる．このことから，体幹自体も，他の関節同様，3面運動にて機能する必要がある．ただし，lumbo-pelvic joint は可動域が狭いため，動作のなかで過剰な可動域まで動かさないよう注意すべきである．

⑤ ファンクショナルな動作を行うと，上肢と下肢に力の吸収(loading)/力の発揮(unloading)の作用によって加速あるパワフルな動きが生まれる．そのパワーを余すことなく他の部位に伝達するためには，体幹のスタビリティが必要であるが，さらに，体幹自体にも loading することができるとより機能が向上する．たとえば，サッカーのキック動作時，体幹の固定とともに，股関節伸展の loading から屈曲による unloading が生まれる．

そのときに，足を後ろに振り上げるような股関節伸展動作とともに自然に体幹にも伸展ストレスがかかる．このストレスに耐えうる固定力を高めることにより，体幹屈曲筋群である腹筋群にエキセントリック収縮が生まれる．そうすることにより，股関節伸展時に体幹のloadingも同時に行われ，股関節屈曲動作におけるパワーの発揮時に体幹屈曲のunloadingも加わり，より全身でパワーを生みだすことができる．

以上のことから，体幹のファンクショナルトレーニングは

① スタビリティ関節としての機能を高める．
② モビリティ関節である股関節および胸椎との「分離と協同」の機能を高める．
③ ①，②の機能を立位での動作にて実施できることを最終目標とする．
④ 体幹自体のloading機能を高める（適切な可動域内で，体幹筋群のエキセントリック収縮機能を高める）．

が重要なポイントとなる．

B　体幹の解剖学的運動機能

体幹ではlumbo-pelvic jointを取り巻く筋すべてが機能的に活動しなければならない．体幹の機能は，「固定」が何よりの基盤となるが，その固定をどのように生みだすかにはさまざまな方法がある．そのなかですべての方法に共通している項目に，呼吸との関連性がある．体幹は腹筋群・背筋群の集合体が下は骨盤底筋を経て股関節周囲筋につながり，上は横隔膜を経て胸郭にまで通ずる．呼吸は生きている限り止まることなく活動するため，機能的動作を達成するには，体幹の固定を妨げることなく呼吸を行える必要がある．そのためには呼吸筋の柔軟性も重要であり，以下に記す体幹筋群との「分離と協同」機能が求められる．また，正しい呼吸動作自体が体幹固定も促すことから，体幹固定機能と呼吸には高い相互関係が存在するといえる．

筋	コンセントリック機能	アイソメトリック機能	エキセントリック機能
脊柱起立筋群	脊柱伸展	動作時における腰椎の固定	腰椎屈曲・回旋・側屈動作の減速
多裂筋	脊柱伸展，対側への回旋	動作時における腰椎の固定	脊柱屈曲，同側への回旋動作の減速
横突棘筋	脊柱伸展，胸椎・頸椎側屈・回旋	動作時における胸椎，頸椎の固定	脊柱屈曲・側屈・回旋動作の減速
腰方形筋	腰椎側屈	動作時における腰椎の固定	腰椎側屈動作の減速　前額面を固定する際に，中殿筋，大腿筋膜張筋，内転筋群と協力して働く
横隔膜	胸腔拡張のために腱中心を下方に引き下げる	動作時における体幹全体の固定	

筋	コンセントリック機能	アイソメトリック機能	エキセントリック機能
腹直筋	腰椎屈曲 骨盤後傾	動作時における体幹全体の固定	腰椎伸展・回旋・側屈動作および骨盤前傾の減速
外腹斜筋	骨盤後傾，腰椎屈曲・対側への回旋	動作時における体幹全体の固定	腰椎伸展・回旋動作および骨盤前傾の減速
内腹斜筋	腰椎屈曲・同側への回旋	動作時における体幹全体の固定 胸腰筋膜，腹横筋，深部脊柱起立筋，多裂筋と協力して働く	腰椎伸展・回旋動作の減速
腹横筋	腹圧の上昇 腹部内臓の保護	動作時における体幹全体の固定 体幹固定の際に，内腹斜筋，多裂筋，深部脊柱起立筋と協力して働く	動作時における腹部の突出の軽減

C 体幹のファンクショナルアセスメント

体幹の機能を評価する際においても，まず第Ⅱ章のファンクショナルアセスメントを行う．その後，体幹に関してより詳細な機能を評価する必要がある場合，二次的な評価として下記のテストを追加することができる．

1 フロントブリッジシングルアームテスト Front Bridge(FB) Single Arm(SA) Test

目的	・体幹のスタビリティと胸椎モビリティの分離と協同のチェック．
動作手順	・肘-膝を床に付けたフロントブリッジのポジションをとる． ・足幅は肩幅よりやや広めにとる． ・片手を前方へ伸ばす．
キーポイント	・肩から膝が一直線上になるようセッティングする． ・軸手の肘屈曲90°，上腕が床面と垂直である．
正しい動作	図1，2 ・体幹中間位固定で動作中，体幹，下半身が常に床と平行のまま，肩関節屈曲180°となる．

図1　フロントブリッジシングルアームテスト スタート

図3　フロントブリッジシングルアームテスト 適切でない動作（肩関節屈曲未完了，体幹が回旋）

図2　フロントブリッジシングルアームテスト 動作

評価

適切でない動作	考えられる問題点
肩関節屈曲が180°未完了（肘関節屈曲），および体幹が回旋する（図3）.	肩関節のモビリティ低下. 肩甲胸郭関節のスタビリティ低下.

② フォーポイントスクワットテスト 4Points（pt）Squat（SQ）Test

目的	・体幹スタビリティと股関節モビリティの分離と協同のチェック.
動作手順	・手-膝で四つ這い姿勢をとる. ・殿部を後方へ引くように，股関節屈曲を行う.
キーポイント	・足関節はリラックスできるポジションを設定する. ・顎は引いて常に床を見ながら動作を行う.
正しい動作	図4, 5

C　体幹のファンクショナルアセスメント

図4 フォーポイントスクワットテスト スタート 　　図5 フォーポイントスクワットテスト 動作

図6 フォーポイントスクワットテスト 適切でない動作（体幹が屈曲，骨盤が後傾）

評価

適切でない動作	考えられる問題点
体幹屈曲，骨盤後傾になる（図6）．	体幹スタビリティの低下． 股関節伸展筋群フレキシビリティの低下．

❸ スタンディングソアステスト Standing Psoas Test

目的	・体幹スタビリティと股関節モビリティの分離と協同のチェック． ・股関節屈曲筋群のフレキシビリティチェック．
動作手順	・立位にてできる限り膝を抱える． ・軸足の膝関節は完全伸展のまま． ・立位のポジションを維持したまま膝を抱えた手を離す．
正しい動作	図7～10

図7 スタンディングソアステスト スタート（前）

図8 スタンディングソアステスト 動作（前）

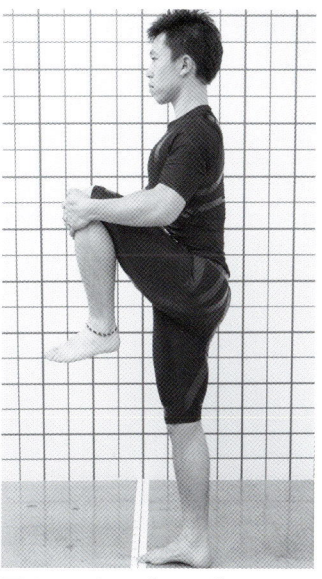

図9 スタンディングソアステスト スタート（横）

図10 スタンディングソアステスト 動作（横）

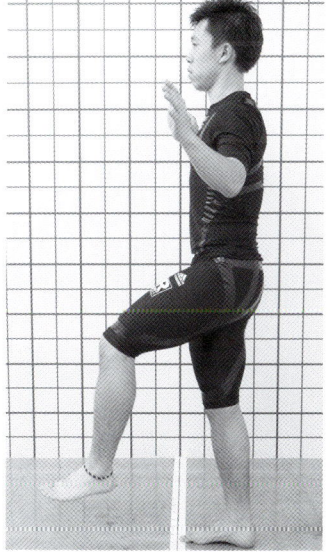

図11 スタンディングソアステスト 適切でない動作（膝のポジションが下降）

図12 スタンディングソアステスト 適切でない動作（体幹が屈曲，軸足の膝関節が屈曲）

評価

適切でない動作	考えられる問題点
手を離したとき，膝のポジションが下降する（図11）．	股関節屈曲筋群ストレングスの低下．
体幹が屈曲する（図12）．	体幹スタビリティの低下．

C 体幹のファンクショナルアセスメント　93

図13 フォーポイントヒップエクステンションニーフレクションテスト スタート

図14 フォーポイントヒップエクステンションニーフレクションテスト 動作

図15 フォーポイントヒップエクステンションニーフレクションテスト 適切でない動作（体幹が伸展）

適切でない動作	考えられる問題点
軸足の膝関節が屈曲する（図12）．	股関節屈曲筋群フレキシビリティの低下．

❹ フォーポイントヒップエクステンションニーフレクションテスト 4pt Hip Extension (Ext) with Knee Flexion (Flex) Test

目的	・体幹スタビリティと股関節モビリティの分離と協同のチェック．
動作手順	・肩関節90°，股関節90°にて四つ這いのポジションをとる． ・片側股関節伸展を行う．
正しい動作	図13，14

評価

適切でない動作	考えられる問題点
体幹が伸展する（図15）．	体幹スタビリティの低下． 股関節屈曲筋群フレキシビリティの低下． 股関節伸展筋群ストレングスの低下．

D 体幹のファンクショナルトレーニングのプログラミング

　体幹は，スタビリティ関節であることから，重力を含むすべての方向からの外力に耐えうる固定力が必要である．このことから，体幹にはスタビリティトレーニングが必要であるのはいうまでもない．しかし，体幹の固定力を高めるだけでは十分ではなく，体幹の「固定」と同時に，その隣り合うモビリティ関節である股関節と胸椎の「動き」との協同動作ができなければならない．つまり，体幹のファンクショナルトレーニングでは股関節・胸椎を含んだ全身運動が必要となる．

　さらに，ファンクショナル動作を実施するためには，その分離と協同が「立位」で行われる必要がある．体幹トレーニングは主に，背臥位，腹臥位，側臥位にて実施されることが多いが，ファンクショナルな動作は立位から生みだされることがほとんどであるため，体幹トレーニングも最終的には立位で実施する必要がある．

　以上のことから，体幹のファンクショナルトレーニングは以下のように段階分けして実施することが望ましい．

① 初級（basic）	体幹全体のスタビリティの向上．
② 中級（intermediate）	体幹固定と同時に行う，股関節および胸椎・肩甲骨動作との「分離と協同」の機能向上．
③ 上級（advance）	立位での体幹機能向上．

1) 体幹のファンクショナルトレーニングにおける強度のプログレッションは，Ⅱ章にあるスタビリティ→ストレングス→パワーの流れとは若干異なり，上記の表に準ずる．
2) 体幹固定と同時に胸椎，股関節のモビリティの向上も必要であるため，モビリティトレーニングを先に実施する．

図 16　フォーポイントトランクローテーション 　　図 17　フォーポイントトランクローテーション

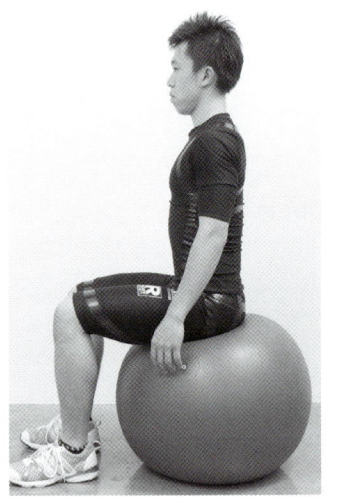

図 18　ペルビッククランチ 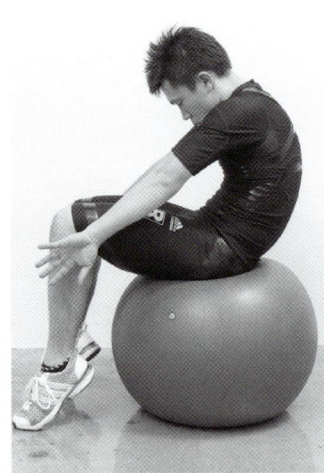　　図 19　ペルビッククランチ 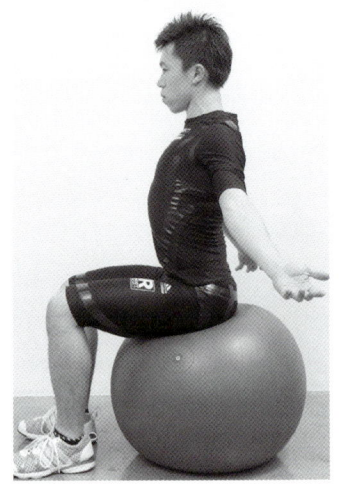　　図 20　ペルビッククランチ

E 体幹のファンクショナルエクササイズ

1 フォーポイントトランクローテーション 4pt Trunk Rotation (Rot)（図 16, 17）

目的	・胸椎モビリティの向上.
スタートポジション	・四つ這い（足の幅は肩幅より広めにとり，股関節 90°屈曲位）. ・片手を後頭部に当てる. ・軸手は胸骨の真下に位置させる.
動作手順	① 軸手で床を押しながら体幹を固定した状態で胸椎を回旋させる. ② 顔も同時に回旋させる.

図21 ペルビックムカデ　　図22 ペルビックムカデ

キーポイント	・最終可動域でしっかりストレッチしながら3秒停止する.
	・胸椎回旋時に腰椎が過度に回旋するのを避ける.

❷　ペルビッククランチ Pelvic Crunch（図18〜20）

目的	・胸椎・腰椎モビリティの向上
スタートポジション	・バランスボールに座る（股関節, 膝関節90°）
動作手順	①バランスボールを前に転がすように骨盤を後傾させる. ②さらに身体を丸め，手をつま先に向かって伸ばし，肩甲骨外転，肩関節内旋させる. ③ボールを後ろに転がすように骨盤を前傾させる. ④さらに身体を反り，手を後下方に向かって伸ばし，肩甲骨内転，肩関節外旋させる.
キーポイント	・最終可動域でしっかりストレッチしながら3秒停止する.

❸　ペルビックムカデ Pelvic MUKADE（図21, 22）

目的	・胸椎・腰椎モビリティ向上.
スタートポジション	・バランスボールに座る（股関節, 膝関節90°） ・両腕は後頭部に当てる.

E 体幹のファンクショナルエクササイズ

図23 ドローインによるブレーシング

図24 ドローインによるブレーシング 応用

図25 ドローインによるブレーシング 応用

動作手順	①バランスボールを横に転がすように骨盤を横に引き上げる. ②引き上げた骨盤側に体幹を側屈させる. ③左右交互に行う.
キーポイント	・最終可動域でしっかりストレッチしながら3秒停止する.

4　体幹トレーニングの基本ポジション

● ドローインによるブレーシング（bracing）（図23）

目的	・体幹固定
スタートポジション	・膝関節屈曲90°で膝にoverballを挟む. ・腹を凹ませ体幹を固定させる.
動作手順	・腹を凹ませたまま，胸式呼吸を行う.

図26 フロントブリッジ

図27 フロントブリッジ 適切でない動作（腰椎が伸展）

キーポイント	・腹部にテープを巻くと腹を凹ます意識がしやすい．同時に，胸郭にもテープを巻いて圧迫することによって吸気の意識がしやすい． ・腹直筋過剰収縮による骨盤後傾を避ける． ・肩関節挙上による胸郭の動きを避ける． ・内転筋を収縮すると骨盤底筋も同時に収縮しやすい．また腹を凹ませることで腹斜筋群，腹横筋，多裂筋を含む体幹の全体の筋群が同時収縮しやすい．また，呼吸によって胸郭を広げることでも横隔膜の意識が得られる．
応用	・四つ這い（図24） ・膝つき（図25）

ファンクショナルトレーニングにおけるすべての動作においてドローインを同時に行う．下記に示すすべてのエクササイズにおいても同様に実施する．

ⓐ 初級（basic）

● フロントブリッジ Front Bridge（FB）（図26）

目的	・体幹前面の固定．
スタートポジション	・肘を肩の真下に位置させ，頭部から下腿まで一直線に保持する． ・頸椎を中間位で保持する．
動作手順	・身体を一直線に保持する．
キーポイント	・腰椎伸展，頸椎伸展を避ける（図27）． ・頭部前方突出，しり上がり，肩甲骨外転を避ける（図28）．

● フロントブリッジツイスト FB Twist（図29）

目的	・体幹側面の固定．
スタートポジション	・フロントブリッジのポジションから足を肩幅に交差させ骨盤を回旋させる． ・下側の足は足の外側面を地面につける．
動作手順	・身体を一直線に保持する．
キーポイント	・骨盤を真横に回旋する際，しり上がりを避ける（図30）．

図 28　フロントブリッジ 適切でない動作（しり上がり）

図 29　フロントブリッジツイスト

図 30　フロントブリッジツイスト 適切でない動作（しり上がり）

図 31　フロントブリッジシェイク

図 32　フロントブリッジシェイク 適切でない動作（肘関節が屈曲，しり上がり）

図 33　フロントブリッジツイストシェイク

● フロントブリッジシェイク　FB Shake（図 31）

目的	・体幹前面の固定．
スタートポジション	・フロントブリッジのポジションをとる． ・肩関節屈曲 90°，肘関節 90°にする．
動作手順	・バランスボール上にある肘を前後に振る．

図34　フロントブリッジツイストシェイク 適切でない動作（しり上がり）

図35　フロントブリッジツイストシェイク 適切でない動作（腰椎が伸展）

図36　サイドブリッジ

図37　サイドブリッジ 適切でない動作（腰椎が伸展）

キーポイント	・しり上がり，肩関節伸展，肘関節屈曲にて上体がバランスボールに近づくのを避ける（図32）.

● フロントブリッジツイストシェイク FB Twist Shake（図33）

目的	・体幹側面の固定.
スタートポジション	・フロントブリッジツイストのポジションをとる.
動作手順	・バランスボール上にある肘を前後に振る.
キーポイント	・しり上がりを避ける（図34）. ・腰椎伸展や側屈を避ける（図35）.

● サイドブリッジ Side Bridge（図36）

目的	・体幹側面の固定
スタートポジション	・肘を肩の真下に位置させ，身体を一直線に保持. ・膝関節屈曲90°にする. ・頸椎を中間位で保持.
動作手順	・床側の肩から膝まで一直線を保持する.

E　体幹のファンクショナルエクササイズ

図38 サイドブリッジアブダクション 　　図39 サイドブリッジアブダクション 応用

図40 サイドブリッジアダクション 　　図41 サイドブリッジアダクション 適切でない動作（腰椎が屈曲）

| キーポイント | ・殿部が下がるのを避ける．
・腰椎伸展を避ける（図37）． |

● サイドブリッジアブダクション Side Bridge with Abduction（図38）

目的	・体幹側面と中殿筋の協同固定．
スタートポジション	・サイドブリッジのポジションをとる． ・上側の股関節外転，肩関節外転90°にする．
動作手順	・膝から末梢にかけて脱力し，体幹と中殿筋にて固定する．
キーポイント	・上側の膝関節完全伸展を避ける（大腿筋膜張筋の収縮を防ぐため）．
応用	・BOSUを使う（図39）．

● サイドブリッジアダクション Side Bridge with Adduction（図40）

目的	・体幹側面と内転筋群の協同固定．
スタートポジション	・サイドブリッジのポジションをとる． ・下側の股関節・膝関節を90°屈曲位にする．
動作手順	・上側の肩から足までを一直線に保持する．

図42 ブリッジ

図43 ブリッジ

図44 ブリッジ 適切でない動作（腰椎が伸展）

図45 ブリッジ 応用①スタート（BOSUを使用）

キーポイント	・腰椎の屈曲を避ける（図41）

● ブリッジ Bridge（図42, 43）

目的	・体幹後面の固定.
スタートポジション	・脛骨を床に対して垂直に立て，つま先を浮かす.
動作手順	・身体が一直線になるまで股関節伸展を行い固定する.
キーポイント	・腰椎伸展を避ける．この代償動作を避けるために，肩甲骨を床から離さないという意識でブリッジを実施する（図44） ・殿部よりもハムストリングスに刺激をより入れたい場合は膝伸展角度を大きくして実施する.
応用	・BOSUを使う（図45, 46）. ・バランスボールを使っ（図47, 48）

● ブリッジボスウォーク Bridge BOSU Walk（図49～51）

目的	・体幹後面の固定.
スタートポジション	・ブリッジのポジション.

E 体幹のファンクショナルエクササイズ

図46　ブリッジ 応用①動作 　　　　　　　図47　ブリッジ 応用②スタート（バランスボールを使用）

図48　ブリッジ 応用②動作 　　　　　　　図49　ブリッジボスウォーク

図50　ブリッジボスウォーク 動作 　　　　図51　ブリッジボスウォーク 動作

動作手順	・体幹を固定したまま BOSU を押しつぶすように足踏みを行う.
キーポイント	・殿部の意識を維持する.

● シングルレッグブリッジ SL Bridge（図52, 53）

目的	・体幹後面の固定.
スタートポジション	・ブリッジのポジションから片方の膝を伸展位にして，反対側の大腿部と平行に維持.
動作手順	・身体が一直線になるまで股関節伸展を行い固定する.

図52　シングルレッグブリッジ

図53　シングルレッグブリッジ動作

図54　シングルレッグブリッジ応用スタート（BOSUを使用）

図55　シングルレッグブリッジ応用動作

図56　コブラ

図57　コブラ

キーポイント	・膝伸展側の骨盤が床方向への落ち込むのを避ける.
応用	・BOSUを使う（図54, 55）

● コブラ Cobra（図56, 57）

目的	・体幹と胸腰筋膜を含む上背部の協同固定.
スタートポジション	・手掌を下（床の方向）に向けた状態で腹臥位になる.
動作手順	・肩関節外旋とともに，肩甲骨内転を行いながら胸を床から浮かす.

図58　コブラ 適切でない動作（腰椎，頸椎が伸展）

図59　フロントブリッジシングルアーム

図60　フロントブリッジシングルアーム

キーポイント	・腰椎伸展，頸椎伸展を避ける（図58）． ・肩甲骨挙上を避ける．

ⓑ 中級（intermediate）

● フロントブリッジシングルアーム FB SA（図59，60）

目的	・体幹と胸椎の分離と協同．
スタートポジション	・フロントブリッジのポジション． ・足幅は肩幅よりやや広めにとる．
動作手順	・片手を前方へ伸ばす（肩関節屈曲180°）．
キーポイント	・腰椎回旋を避ける（図61）． ・肘関節屈曲を避ける（図61）．
応用	・フロントブリッジが困難な場合は，肘-膝支持に変更（図62）．

● フロントブリッジショルダーローテーション FB SH External Rotation（ER）（図63〜65）

目的	・体幹と胸椎の分離と協同．

図61 フロントブリッジシングルアーム 適切でない動作（腰椎が回旋，肘関節が屈曲）

図62 フロントブリッジシングルアーム 応用（肘-膝支持で実施した場合）

図63 フロントブリッジショルダーローテーション

図64 フロントブリッジショルダーローテーション（肩関節を外旋）

スタートポジション	・フロントブリッジのポジションをとる． ・足幅は肩幅よりやや広めにとる． ・片手肩関節外転90°，肘関節90°とする．
動作手順	① 肩関節を90°外旋させる． ② プレス動作（肩関節外転，肘関節伸展）．
キーポイント	・スタートポジションにて非軸手の肩甲骨内転を維持． ・プレス動作時，腕が下がるのを避ける（図66）． ・プレス動作時，体幹回旋を避ける（図66）．

E 体幹のファンクショナルエクササイズ

図65　フロントブリッジショルダーローテーション（肘関節を伸展）

図66　フロントブリッジショルダーローテーション　適切でない動作（腕が下がる，体幹が回旋）

図67　フロントブリッジリバースフライローテーション

図68　フロントブリッジリバースフライローテーション（肩関節を水平伸展）

| 応用 | ・フロントブリッジが困難な場合は，肘-膝支持に変更する． |

● フロントブリッジリバースフライローテーション　FB Reverse (Rev) Fly & Rot（図67～69）

目的	・体幹と胸椎の分離と協同．
スタートポジション	・手-足支持のプッシュアップのポジションをとる． ・足幅は肩幅よりやや広めにとる． ・ボックスに軸手を置く．

108　Ⅳ　体幹のファンクショナルトレーニング

図69 フロントブリッジリバースフライローテーション（肩甲骨を内転）

図70 フロントブリッジリバースフライローテーション 適切でない動作（腰椎が回旋）

図71 フロントブリッジリバースフライローテーション 適切でない動作（しり上がり）

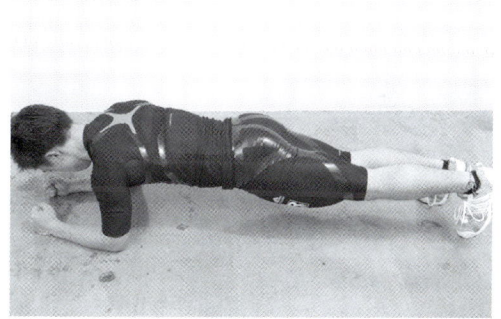

図72 フロントブリッジヒップアブダクション

動作手順	① プッシュアップのポジションのまま，非軸手の肩甲骨内転とともに肩関節水平伸展． ② 軸手はボックスをプッシュしながら，胸椎を回旋させる．
キーポイント	・目線は常に床． ・胸椎回旋時，過度な腰椎回旋を避ける（図70）． ・肩関節水平伸展時，肩甲骨内転を意識する． ・しり上がりを避ける（図71）．

● フロントブリッジヒップアブダクション FB Hip FR Abduction（図72, 73）

目的	・体幹と股関節の分離と協同．
スタートポジション	・フロントブリッジのポジションをとる．
動作手順	・姿勢を保持したまま，片脚股関節外転・外旋をする．

E 体幹のファンクショナルエクササイズ

図73　フロントブリッジヒップアブダクション

図74　フロントブリッジヒップアブダクション 適切でない動作（骨盤が回旋）

図75　フロントブリッジヒップアブダクション 適切でない動作（腰椎が伸展）

図76　フロントブリッジヒップフレクション チューブ

図77　フロントブリッジヒップフレクション チューブ

図78　フロントブリッジヒップフレクション チューブ 適切でない動作（腰椎が屈曲，しり上がり）

キーポイント	・体幹・骨盤回旋を避ける（図74）. ・しり上がりを避ける（図74）. ・股関節外転外旋時，足は床に接地しない. ・腰椎伸展を避ける（図75）.

図79　フロントブリッジヒップフレクションボール

図80　フロントブリッジヒップフレクションボール

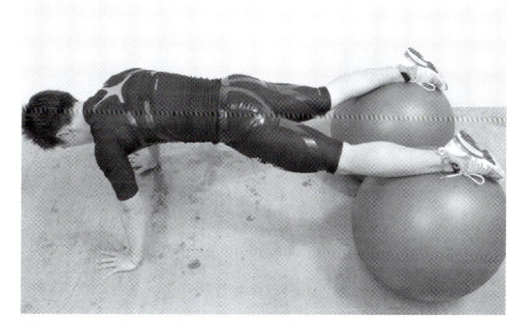

図81　ジャックナイフアルタネティブ

図82　ジャックナイフアルタネティブ

● フロントブリッジヒップフレクションチューブ FB Hip Flex Tube（図76，77）

目的	・体幹と股関節の分離と協同．
スタートポジション	・ボックスに手を置き，プッシュアップのポジションをとる． ・両足の甲にチューブを巻く．
動作手順	・体幹を安定させたまま，股関節を90°屈曲させる．
キーポイント	・腰椎屈曲を避ける（図78）． ・しり上がりを避ける（図78）．
応用	・フロントブリッジヒップフレクションボール（FB Hip Flex Ball）（図79，80）． ・ジャックナイフアルタネティブ（Jackknife Alt）（図81〜83）．

● フロントブリッジトランクローテーションボール FB Trunk Rot Toe on Ball（図84〜86）

目的	・体幹と胸椎・股関節の分離と協同．
スタートポジション	・バランスボールに片足を乗せて体幹を一直線に保持する． ・非軸足の膝関節は屈曲位とする．
動作手順	①非軸足の股関節内転・内旋に伴い体幹を回旋させる． ②非軸足の股関節外転・外旋に伴い体幹を回旋させる．
キーポイント	・股関節外旋時，腰椎伸展を避ける．

E　体幹のファンクショナルエクササイズ

図83 ジャックナイフアルタネティブ

図84 フロントブリッジトランクローテーションボール

図85 フロントブリッジトランクローテーションボール

図86 フロントブリッジトランクローテーションボール

図87 サイドブリッジショルダーコンビ

図88 サイドブリッジショルダーコンビ

● サイドブリッジショルダーコンビ Side Bridge with SH Combi（図87〜92）

目的	・体幹と胸椎の分離と協同.
スタートポジション	・サイドブリッジのポジション.
動作手順	①肩関節を外転・内転（0〜180°）させる. ②肩関節を伸展・屈曲（0〜180°）させる. ③肩関節を伸展・水平屈曲（0〜90°）させる.

図89 サイドブリッジショルダーコンビ

図90 サイドブリッジショルダーコンビ

図91 サイドブリッジショルダーコンビ 動作

図92 サイドブリッジショルダーコンビ 動作

| キーポイント | ・動作時,体幹伸展を避ける. |

● サイドブリッジヒップフレクションチューブ Side Bridge with Hip Flex Tube（図93, 94）

目的	・体幹と股関節の分離と協同.
スタートポジション	・サイドブリッジのポジションをとる. ・膝周りにチューブを巻く.
動作手順	・上側脚の股関節を屈曲させる.
キーポイント	・体幹屈曲を避ける. ・上側の肩から膝を一直線に保持する（上側の足による床側への落ち込みを避ける）.

● サイドブリッジアダクションヒップフレクション Side Bridge with Adduction Hip Flex（図95, 96）

目的	・体幹と股関節の分離と協同.
スタートポジション	・肘-足支持にてサイドブリッジのポジションをとる. ・上側脚にて支持,下側脚の膝関節90°屈曲位をとる. ・膝周りにチューブを巻く.

E 体幹のファンクショナルエクササイズ

図93　サイドブリッジヒップフレクションチューブ

図94　サイドブリッジヒップフレクションチューブ

図95　サイドブリッジアダクションヒップフレクション

図96　サイドブリッジアダクションヒップフレクション

動作手順	・下側脚の股関節を90°屈曲させる.
キーポイント	・体幹屈曲を避ける. ・上側の肩から足までを一直線に保持する.

● シングルレッグブリッジアブダクション　SL Bridge with Abduction（図97, 98）

目的	・体幹と股関節の分離と協同.
スタートポジション	・シングルレッグブリッジのポジションをとる. ・膝周りにチューブを巻く.
動作手順	・非軸足側の股関節を外転させる.
キーポイント	・胸椎・腰椎伸展を避ける. ・非軸足側の骨盤の床側への落ち込みを避ける.
応用	・非軸足にアンクルウェイトをつける.

● シングルレッグブリッジフレクション　SL Bridge with Flex（図99〜101）

目的	・体幹と股関節の分離と協同.

図97　シングルレッグブリッジアブダクション 　　図98　シングルレッグブリッジアブダクション

図99　シングルレッグブリッジフレクション 　　図100　シングルレッグブリッジフレクション

スタートポジション	・シングルレッグブリッジのポジションをとる. ・膝周りにチューブを巻く.
動作手順	・非軸足側の股関節を伸展・屈曲させる.
キーポイント	・腰椎屈曲・伸展を避ける.
応用	・非軸足にアンクルウェイトをつける.

● シングルレッグブリッジトランクローテーションボール SL Bridge Trunk Rot Toe on Ball（図102〜104）

目的	・体幹と胸椎・股関節の分離と協同.
スタートポジション	・膝関節伸展にてブリッジのポジションをとる. ・片足をボールの上に置く.
動作手順	① 非軸足側の股関節内旋・内転に伴い体幹を回旋させる. ② 非軸足側の股関節外旋・伸展に伴い体幹を回旋させる.

E　体幹のファンクショナルエクササイズ

図101 シングルレッグブリッジフレクション

図102 シングルレッグブリッジトランクローテーションボール

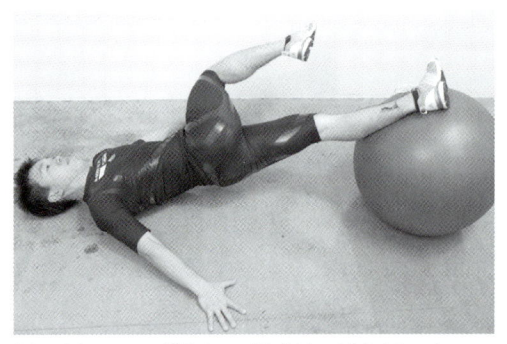

図103 シングルレッグブリッジトランクローテーションボール

図104 シングルレッグブリッジトランクローテーションボール

キーポイント	・肩から軸足を一直線に保つ． ・肩が床から浮かないようにする．

● 上級(advance)
● スタンドアブサジタル Stand Abdominal(AB) Sagittal Plane(図105，106)

目的	・体幹と胸椎・股関節の分離と協同および体幹のloading（力の吸収）．
スタートポジション	・スクワットポジションにて膝の前でメディシンボールを保持する．
動作手順	・立ち上がりと同時に肩関節を屈曲させる． ・股関節完全伸展，肩関節屈曲180°にて'ピタッ'と止まる．

図105　スタンドアブサジタル

図106　スタンドアブサジタル

図107　スタンドアブサジタル 適切でない動作

図108　スタンドアブサジタル 適切でない動作（体幹が伸展）

図109　スタンドアブサジタル 適切でない動作（体幹が屈曲）

図110　スタンドアブホリゾンタル

E　体幹のファンクショナルエクササイズ

図111　スタンドアブホリゾンタル

図112　スタンドアブホリゾンタル

図113　スタンドアブホリゾンタル 適切でない動作（腕のみの動作）

キーポイント	・立ち上がり時，股関節完全伸展動作を完遂する（図107）． ・立ち上がり時，体幹伸展を避ける（図108）． ・スクワットダウン時，体幹屈曲を避ける（図109）． ・立ち上がり動作と肩関節の動作は同時に実施する．
応用	・肩関節180°で素早く切り替えしスタートポジションに戻る．

● スタンドアブホリゾンタル Stand AB Horizontal Plane（図110～112）

目的	・体幹と胸椎・股関節の分離と協同および体幹のloading（力の吸収）．
スタートポジション	・パワーポジション（立位，股関節・膝関節軽度屈曲位）をとる． ・身体の正面でメディシンボールを保持する．
動作手順	顔は正面に向けたまま，股関節・胸椎を回旋させる． ① 右回旋90°にて素早く切り返しスタートポジションに戻る． ② 左回旋90°にて素早く切り返しスタートポジションに戻る． ③ 右・左回旋交互に素早く切り返す．
キーポイント	・切り替えし動作は素早く行い，停止動作は'ピタッ'と行う． ・胸椎回旋を意識した動作のため，メディシンボールは常に胸の前で保持する（腕のみの動作を避ける）（図113）． ・股関節回旋を意識した動作のため，体幹回旋時，knee outを避ける（図114）． ・回旋時，体幹伸展を避ける．

図114 スタンドアブホリゾンタル 適切でない動作（knee out） 　　図115 スタンドアブ PNF 　　図116 スタンドアブ PNF

● スタンドアブ PNF Stand AB PNF（図115，116）

目的	・体幹と胸椎・股関節の分離と協同および体幹の loading（力の吸収）.
スタートポジション	・パワーポジション（立位，股関節・膝関節軽度屈曲位）をとる. ・胸椎・股関節回旋し，膝関節の外側でメディシンボールを保持する.
動作手順	・PNF パターンでメディシンボールを持ち上げ，停止動作は'ピタッ'と行う.
キーポイント	・立ち上がり時，股関節，胸椎回旋を意識する. ・メディシンボールは常に胸の前で保持する（腕のみの動作を避ける）（図117）. ・股関節回旋を意識した動作のため，体幹回旋時，knee out を避ける. ・立ち上がり時，体幹伸展を避ける（図118）.
応用	・立ち上がり動作で素早く切り替えしスタートポジションに戻る.

● スタンドアブトライアングル Stand AB Triangle（図119〜121）

目的	・体幹と胸椎・股関節の分離と協同および体幹の loading（力の吸収）.
スタートポジション	・パワーポジションにてメディシンボールを頭上で保持する.
動作手順	① 股関節回旋，胸椎回旋によってボールを振り下ろし，膝の外側にて'ピタッ'と停止する. ② 素早く反対側の膝の外側に移動する. ③ スタートポジションに戻る.

E　体幹のファンクショナルエクササイズ

図117 スタンドアブPNF適切でない動作（腕のみの動作）

図118 スタンドアブPNF適切でない動作（体幹が伸展）

図119 スタンドアブトライアングル

図120 スタンドアブトライアングル

図121 スタンドアブトライアングル

図122 スタンドアブトライアングル 適切でない動作（体幹が屈曲）

キーポイント	・スタートポジションにて体幹伸展を避ける. ・動作手順①②時，メディシンボールは常に胸の前で保持する（腕のみの動作は避ける）. ・動作手順①②時，体幹屈曲を避ける（図122）.

図123 スタンドアブメディシンボールオーバーヘッドスロー

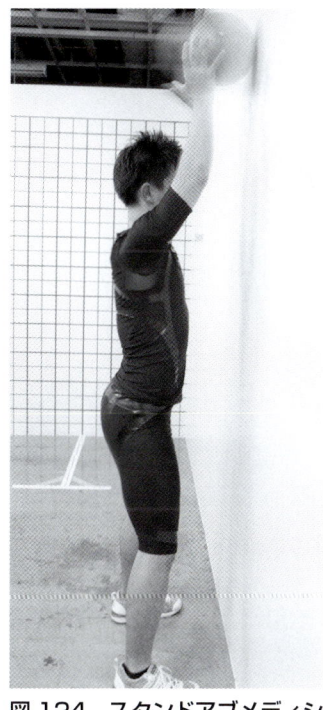

図124 スタンドアブメディシンボールオーバーヘッドスロー

● スタンドアブメディシンボールオーバーヘッドスロー Stand AB Medicine Ball (MB) Overhead Throw (図123, 124)

目的	・体幹と胸椎・股関節の分離と協同および体幹のloading（力の吸収）.
スタートポジション	・パワーポジションにてメディシンボールを頭上で保持する.
動作手順	・胸椎，肩甲骨，肩関節を使って，メディシンボールを壁に投げて，素早くキャッチする.
キーポイント	・動作時，体幹伸展を避ける. ・切り替えし動作は素早く行い，停止動作は'ピタッ'と行う.
応用	・素早く何度も繰り返す.

● スタンドアブメディシンボールサイドスロー Stand AB MB Side Throw (図125, 126)

目的	・体幹と胸椎・股関節の分離と協同および体幹のloading（力の吸収）.
スタートポジション	・パワーポジションにてメディシンボールを胸の前に保持する. ・股関節・胸椎回旋にて身体を捻る.
動作手順	・股関節・胸椎回旋動作によって，メディシンボールを壁に投げて素早くキャッチする.

E 体幹のファンクショナルエクササイズ

図125 スタンドアブメディシンボールサイドスロー

図126 スタンドアブメディシンボールサイドスロー

図127 チョップ

図128 チョップ

| キーポイント | ・肩関節のみでの動作を避ける．
・切り替えし動作は素早く行い，停止動作は'ピタッ'と行う． |

● チョップ Chop（図127〜129）

| 目的 | ・体幹と胸椎の分離と協同および体幹のloading（力の吸収）． |

図129　チョップ 　　図130　チョップ 適切でない　　図131　チョップ 適切でない
　　　　　　　　　　　　　　動作（体幹が側屈）　　　　　　　動作（体幹が側屈）

図132　リフト 　　　　　　図133　リフト

スタートポジション	・プーリーマシンの横に立ち，前足，後ろ足が一直線上に位置するようランジのポジションをとる（一直線上に脚を揃えて構える）． ・バーを斜め上45°で構える．
動作手順	・対側斜め下45°に向かい，胸椎を回旋しながらプル&プッシュする． ① 左手はバーを滑らせながら右手でプル（図128）． ② 左手でプッシュ（図129）．
キーポイント	・体幹を固定して素早く実施する． ・体幹側屈を避ける（図130，131）．

E　体幹のファンクショナルエクササイズ

図134　リフト 　　　図135　リフト適切でない動　　図136　リフト適切でない動
　　　　　　　　　　　　　作（体幹が側屈）　　　　　　作（体幹が側屈）

● リフト Lift（図132〜134）

目的	・体幹の分離と協同および体幹のloading（力の吸収）.
スタートポジション	・プーリーマシンの横に立ち，前足，後ろ足が一直線上に位置するようランジのポジションをとる（一直線上に脚を揃えて構える）. ・バーが斜め下45°になる角度で構える.
動作手順	対側斜め上45°方向に向かい，胸椎を回旋しながらプル＆プッシュ. ① 左手はバーを滑らせながら右手でプル（図133）. ② 左手でプッシュ（図134）.
キーポイント	・体幹を固定して素早く実施. ・体幹側屈を避ける（図135，136）.

（鈴木　岳）

参考文献

- Diane Lee：The Pelvic Girdle. Churchill Livingstone, 1989.
- Gary W. Gray：Total Body Functional Profile. Wynn Marketing, Inc & Gary Gray Physical Therapy Clinic, Inc., 2001.
- Mark Verstegen, Pete Williams：Core Performance. Rodale, 2004.
- Micheal A. Clark, Alan M. Russell：NASM OPT Optimum Performance Training for the Performance Enhancement Specialist, 2002.
- Shirley A. Sahrmann：Diagnosis and Treatment of Movement Impairment Syndromes. Mosby, 2002.
- Stuart McGill：Ultimate Back Fitness and Performance. Backfitpro Inc., 2004.

V

下肢のファンクショナルトレーニング

A 下肢のファンクショナルトレーニングの基礎

　下肢のファンクショナルトレーニングについて説明する前に,「下肢」について定義する.前項の体幹では, hip joint (股関節) を除いた「lumbo-pelvic joint (腰椎-骨盤関節)」を「体幹」として定義しているために,本章では hip joint を含め,ここから遠位の部分を総称して「下肢」として定義する.

　日常生活やスポーツの場面では,主に足部が地面に接している状態で動作が行われている.ファンクショナルな動作において,下肢は体でつくられた力を地面に伝える場所,地面から受ける床反力を体幹,上肢へ伝える入り口ということで,機能的な動きを行う際にとても重要な役割を担っている.たとえ体幹や上肢で強い力がつくられたとしても,下肢の働きが機能的でなければそれらはうまく地面に力として伝わらず,結果として強く効率のよい動きは生まれないことになる.以上のことより,ファンクショナルトレーニングにおいての下肢のトレーニングは効率的で機能的な動きをつくるために欠かせないものであり,ここでの成功がファンクショナルトレーニングの鍵となる.

　次にファンクショナルトレーニングの5原則にそって,下肢のファンクショナルな機能を説明する.

① 下肢の筋に限らず全身の筋は,動作において重力に抵抗する力が発生したときに自動的に機能する.たとえば歩行の立脚中期から足趾離地にかけて上体は前に倒れていくのであるが,それに耐えるために(重力に逆らうために),下肢後面の筋であるヒラメ筋,腓腹筋,大腿後面筋群,大殿部の筋群がエキセントリックに収縮し上体を元に戻そうとする.この筋の働きに重点をおいたエクササイズがノーズトゥウォール (Nose to Wall) (図29) であり,重力に抵抗して力を発揮するということに重点をおいたファンクショナルなエクササイズである.

② 下肢の関節は,モビリティ関節である股関節,スタビリティ関節である膝関節,モビリティ関節である足関節,スタビリティ関節である足部関節で構成されている (p6, 表1参照).機能的な動きを作るために,これらの関節は適切な可動域を保たなくてはならず,たとえば何らかの理由でモビリティ関節である足関節の可動域が減少すると,その代償として隣り合うスタビリティ関節であるはずの足部関節や膝関節が正常な動きを保とうとしてより動かなければならず関節周囲の軟部組織にストレスを与えてしまう.よってファンクショナルトレーニングにおいては下肢のそれぞれの関節の役割を分離して行えたうえで,なおかつそれらを同時に協同させて行えるようにするべきである.

③ ファンクショナルな動作は全身のキネティックチェーンを利用して生みだされる.それぞれ隣り合う下肢,体幹,上肢が,筋と筋膜を中心とする軟部組織,骨,神経でつながっているのであるが,下肢の正常で機能的な働きにより,上肢や体幹でつくられた力を地面に,床反力や下肢でつくられた力をうまく上肢や体幹に効率よく伝えることができ,結果として機能的な動きを生むことができる.よってファンクショナルトレーニングにおいては,キネティックチェーンを利用して機能的な下肢の動きをつくることがとても重要である.

④ 人の動作は基本的に3面（矢状面，前額面，水平面）で起こっている．たとえば歩行における下肢の動きに関してみると，一般的には矢状面の動きばかりが注目されるが，実際，歩行を頭の上のほうからよく見てみると，回旋の動きが水平面で行われているのがわかるし，左右への動きが前額面で行われているのもわかる．今までの下肢におけるストレングストレーニングでは矢状面で働く筋群に対してのトレーニング（膝関節の伸展・屈曲）が主に行われ，水平面や前額面で働く筋群に対してのトレーニング（下肢関節への回旋や内・外転の動き）はあまり行われてこなかった．しかし下肢の筋群のなかには，水平面や前額面の動きに対して優位に働くものもある．よってファンクショナルトレーニングでは，機能的な動きをつくることを目的としているため，これら3面の動きをすべて使ったトレーニングを行う．

⑤ 人は動きのなかで常に loading（力の吸収）と unloading（力の発揮）を繰り返し，より加速的でパワフルな動きをつくる．下肢の動きを見てみると，歩行時の踵接地期から立脚中期において，大殿筋は股関節が過度に屈曲していこうとするのに対抗してエキセントリックに収縮しており，また大腿前面の筋群や下腿後面の筋群も同じように，膝関節と足関節の過度の屈曲に対抗するためエキセントリックに収縮している．つまり下肢の筋群は動きのなかでまずエキセントリック収縮（loading），その後コンセントリック収縮（unloading）を行い力を発揮している．これまでの下肢におけるストレングストレーニングでは主にコンセントリック収縮に重きを置いたトレーニングが多く行われてきたが，機能的な動きをつくることを目的としているファンクショナルトレーニングにおいては，筋のエキセントリック収縮にも重きを置いてトレーニングを行う．

B　下肢の解剖学的運動機能

　筋の機能を理解するときに，それぞれの筋の起始と停止やコンセントリック収縮時の作用を理解することは大変重要である．しかし，「動き」のなかで筋がどのように作用しているかを理解することは，機能的な動きをつくることを目的としているファンクショナルトレーニングにおいてより重要である．ここでは下肢における代表的な筋をあげ，それぞれの筋が3面でのどのような動きに作用するかをコンセントリック機能，エキセントリック機能，アイソメトリック機能に分けて説明する．

筋	コンセントリック機能	アイソメトリック機能	エキセントリック機能
前脛骨筋	足関節の背屈・内反 踵部接地直前の回内の補助	中足部の関節の固定	踵部接地期における足関節底屈の減速 立脚中期における中足部の外反しの減速
後脛骨筋	足関節の底屈・内反 距骨下関節の回内の促進	距舟関節の固定	距骨下関節の回外を減速

筋	コンセントリック機能	アイソメトリック機能	エキセントリック機能
長腓骨筋	足関節の底屈・外反	正確な足部の機能を保つために、水平面での足部内側の固定	足関節の背屈の減速 距骨下関節の内反の減速
ヒラメ筋	足関節の底屈	踵骨の動的安定	距骨下関節の回外の減速 下腿内旋の減速 足関節の背屈の減速
腓腹筋	足関節の底屈 立脚中期における距骨下関節の回外の促進 膝関節の回旋の補助 遊脚相における膝関節の屈曲の補助	距骨下関節と膝関節の固定	股関節の内旋の減速 距骨下関節の回外の減速
大腿四頭筋	股関節の屈曲 膝関節の伸展	膝関節の動的安定	踵部接地期における膝関節の屈曲・外反・内旋の減速 大腿直筋による股関節の伸展と膝関節の屈曲の減速
ハムストリングス	股関節の伸展と膝関節の屈曲の補助	体幹の動的安定	踵部接地期における膝関節の伸展、股関節の屈曲・内旋の減速 腸骨が仙骨に対して前方回旋するのを減速
股関節内転筋群	股関節の屈曲・内旋 立位における矢状面の固定 股関節の伸展の補助	長内転筋による股関節内側を固定 体幹の動的安定	踵部接地時における股関節の屈曲の減速
股関節外転筋群	大腿骨の外転	前額面の固定	中殿筋による股関節の内転・内旋の減速 小殿筋と大腿筋膜張筋による股関節内転の減速 大腿筋膜張筋による股関節伸展・外旋の補助
大殿筋	股関節の伸展・外転	仙結節靱帯を介しての仙腸関節の固定補助 腸脛靱帯を介しての膝関節外側の固定補助	立脚期における股関節の屈曲・内転・内旋の減速、腸脛靱帯を介しての脛骨内旋の減速
股関節外旋筋群	股関節の外旋、股関節の伸展の補助	股関節固定の主要な筋群	股関節の内旋の減速

筋	コンセントリック機能	アイソメトリック機能	エキセントリック機能
腸腰筋	股関節の屈曲・外旋	腰椎の固定補助	踵部接地時における股関節の内旋の減速 股関節の外旋の補助

C 下肢のファンクショナルアセスメント

　下肢のファンクショナルアセスメントは，第Ⅱ章のファンクショナルアセスメントで紹介した以下の4つのテスト
① オーバーヘッドスクワットテスト
② シングルレッグスクワットテスト
③ ハードルステップテスト
④ インラインランジテスト
ですべてカバーされているためここでの詳細を省く．ただし，ここで忘れてはならないのは，下肢のファンクショナルトレーニングそのものが常にファンクショナルアセスメントになっているということである．エクササイズのフォームや代償運動の確認を常に行うことによって問題点を発見し，それに対して正しいフィードバックと修正を加えることで，効率の良い機能的な動作が確立され保たれる．

D 下肢のファンクショナルトレーニングのプログラミング

　下肢の関節にはスタビリティ関節の足部関節，モビリティ関節の足関節，スタビリティ関節の膝関節，モビリティ関節の股関節がありそれぞれが協同しあって動きをつくっている．トレーニングプログラミングの例は第Ⅱ章で述べているのでここでは詳細を省くが，下肢のトレーニングにおいて大事なのは，モビリティ関節である股関節と足関節が正常に機能しているかどうかを常に確認しながらトレーニングを実行するということである．特に股関節は体の中心に位置し，機能的な動きをつくるのに大変重要な役割を果たしている関節であるため，ファンクショナルアセスメントによって股関節に問題が見つかった場合は，まず股関節の問題のみを分離して修正した後に，下肢全体と体幹，上肢を協同させたトレーニングへと発展させるべきである．

　人の動きにおいて下肢の筋群には強いloading/unloadingが3面上で重力に抵抗しながら繰り返し起こっているため，これらを意識してトレーニングプログラムを立てることが機能的な動作を作るためにはとても重要である．

E　下肢のファンクショナルエクササイズ

　ファンクショナルトレーニングのプログラミングに沿って下肢のトレーニングを行っていく．ここで注意すべきことは，主に下肢の筋群をターゲットにトレーニングをするのであるが，常に体幹の固定，上肢の動きや姿勢も意識しながらトレーニングすることが，機能的な動作をつくるために大変重要である．

1　下肢のフレキシビリティ，モビリティ，スタビリティトレーニング

a 下肢フレキシビリティエクササイズ

● セルフリリース Self Myofascial Release（図1，2）

目的	・伸張性がなくなった筋の一部やトリガーポイントのある場所へ直接圧迫をかけることにより機械的に筋と筋膜の癒着を減少させる． ・一定時間の筋への圧迫により自己抑制反射を引き出し，筋を弛緩させる． ・自らの筋の状態を知ることのできるエクササイズ．
スタートポジション	・筋に圧迫がかかるようにフォームローラーやゴルフボールなどを位置させる．
動作手順	・ゆっくりとしたスピードで体を動かし筋に均等に圧迫がかかるようにする． ・ピンポイントで痛みが強い場所が見つかれば，そこでいったん動きを止め，深呼吸を繰り返しながら痛みが減少していくのが感じられるまで続ける．
キーポイント	・荷重がかかりすぎて痛みが強くならないように調節しながら行う．

● アクティブストレッチ Active Stretch（図3，4）

目的	・能動的に筋を収縮することにより相反性抑制反射を引き出し，その拮抗筋である筋を弛緩させる．
スタートポジション	・目的の筋をストレッチする体勢になる．
動作手順	・目的の筋の拮抗筋を能動的に2～3秒収縮させその後脱力する．これを数回繰り返す． ・筋肉の弛緩が感じられたら，新しく広がった可動域まで再び筋をストレッチして上記を繰り返す．

● ダイナミックストレッチ Dynamic Stretch（図5，6）

目的	・分離と協同，3面での動き，loading（力の吸収）とunloading（力の発揮）の要素が入った動きのなかでのストレッチング．
動作手順	・動きのなかでストレッチする筋を伸ばす．

図1　セルフリリース

図2　セルフリリース

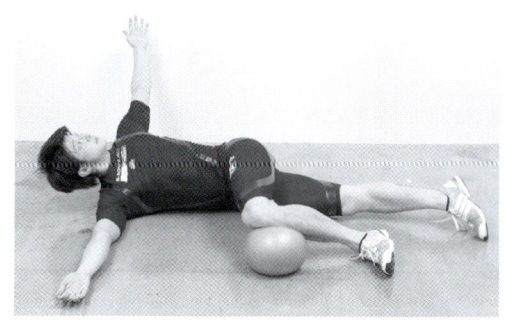

図3　アクティブストレッチ

図4　アクティブストレッチ

図5　ダイナミックストレッチ

図6　ダイナミックストレッチ

キーポイント	・正しいフォームで行う. ・正しい呼吸で行う.

E　下肢のファンクショナルエクササイズ

図7　ハードリング　　　図8　ハードリング　　　図9　アンダーハードル

❶ 股関節モビリティエクササイズ
● ハードルエクササイズ

(1) ハードリング Hurdling（図7, 8）

目的	・体幹と下肢関節の分離と動きのなかでの協同. ・ファンクショナルな動きのなかでの，股関節筋群の柔軟性と筋力の向上.
スタートポジション	・ハードルを膝から上の高さにあわせ，正体する.
動作手順	・ハードリングを行う.
キーポイント	・ハードリング時の体幹の屈曲・伸展，左右へのぶれを避ける. ・先に抜く側の股関節外転を避ける.
応用	・ハードルの高さを高くすることで強度を上げる.

(2) アンダーハードル Under Hurdle（図9）

目的	・体幹と下肢関節の分離と動きのなかでの協同. ・ファンクショナルな動きのなかでの，股関節筋群と足関節の柔軟性の向上.
スタートポジション	・ハードルを胸の高さにあわせ，ハードルに対して90°横を向く.
動作手順	・ハードルをくぐる.
キーポイント	・ハードリング時の体幹・頸椎の屈曲，左右へのぶれを避ける.
応用	・ハードルの高さを低くすることで強度を上げる.

図10 サイドハードリング　　図11 アンダーハードルツイスト

(3) サイドハードリング Side Hurdling（図10）

目的	・体幹と下肢関節の分離と動きのなかでの協同. ・ファンクショナルな動きのなかでの，股関節筋群の柔軟性と筋力の向上.
スタートポジション	・ハードルを膝から上の高さにあわせ，ハードルに対して90°横を向く.
動作手順	・ハードルをまたぐ.
キーポイント	・ハードリング時の体幹・頸椎の屈曲・伸展，左右へのぶれを避ける.
応用	・ハードルの高さを高くすることで強度を上げる.

(4) アンダーハードルツイスト Under Hurdle Twist（図11, 12）

目的	・体幹と下肢関節の分離と動きのなかでの協同. ・ファンクショナルな動きのなかでの，股関節筋群の柔軟性と筋力の向上.
スタートポジション	・ハードルを胸の高さにあわせ，90°横を向く.
動作手順	・ハードルをくぐり，両肩がくぐり終わったら前方の股関節を中心に回転して止曲を向く.
キーポイント	・ハードルをくぐる際の体幹・頸椎の屈曲，左右へのぶれを避ける. ・体を捻った際にバランスを崩さないように姿勢を保持する.
応用	・ハードルの高さを低くすることで強度を上げる.

E　下肢のファンクショナルエクササイズ

図12 アンダーハードルツイスト

図13 スクワットプログレッション

図14 スクワットプログレッション

図15 スクワットプログレッション

図16 スクワットプログレッション

(5) スクワットプログレッション Squat Progression（図13〜16）

| 目的 | ・体幹と下肢関節の分離と動きのなかでの協同.
 ・スクワット動作のなかでの，股関節筋群の柔軟性と筋力の向上.
 ・股関節・胸椎のモビリティの向上. |

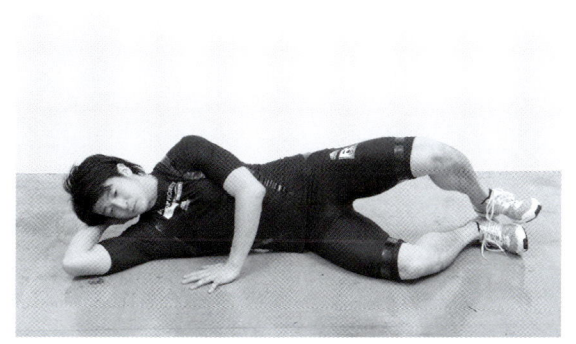

図17 シェルエクササイズ

スタートポジション	・足を肩幅に開いて立つ.
動作手順	・両手の手のひらを床面につけるように前屈する. ・顔・胸を正面に向けながらスクワットする. ・片手を離し胸椎の回旋を意識しながら腕を挙げる. ・スタートのポジションに戻る.
キーポイント	・踵が地面から離れるのを避ける. ・スクワットで下がる際の足部が外転するのを避ける. ・手のひらが床面から離れるのを避ける.
応用	・足関節の可動性が低く踵が浮く場合は踵にプレートを置く. ・ウエイトベストを着て強度を上げる.

❸ 股関節,下肢のスタビリティエクササイズ

● シェルエクササイズ Shell Exercise(図17)

目的	・中殿筋を中心とした股関節外転・外旋筋群の単独強化.
スタートポジション	・側臥位をとり,体を床面に対して90°に保つ.
動作手順	・股関節を20°から30°外旋後,それをキープしたまま外転させる. ・スピードをコントロールしながらゆっくり元の位置へ戻る.
キーポイント	・体幹が開かないようにする(体幹を固定する).
応用	・膝の上にバンドを巻くことで強度を上げる.

● シングルレッグティルティング Single Leg(SL) Tilting (図18)

目的	・中殿筋を中心とした股関節外転・外旋筋群における前額面ぐりloading/unloadingの強化. ・体幹と下肢関節の分離と動きのなかでの協同. ・片足立ち動作のなかでの下肢の動的安定.

図18 シングルレッグティルティング

図19 シングルレッグヒップエクステンションアブダクションチューブ

スタートポジション	・片足立ちになり，支持脚と逆側の手にダンベルを持つ．
動作手順	・ダンベルを床面に近づけていくのと同時に体幹を固定したまま側屈させる（股関節が内転する）．股関節外転筋群にストレッチを感じたら元の姿勢に戻る．
キーポイント	・股関節における体幹の内転・外転の動きをコントロール． ・腰椎・胸椎の過伸展・屈曲を避ける． ・膝の内反・外反を避ける．
応用	・1/2フォームローラーやAirex，BOSUなどの用具を使う． ・ダンベルの重さを変える． ・左右へのふり幅（側屈の程度）を大きくする．

● シングルレッグヒップエクステンションアブダクションチューブ SL Hip Ext Abduction Tube（図19）

目的	・立位における支持脚筋群の固定（主に股関節外転・外旋筋群）． ・体幹と下肢関節の分離と動きのなかでの協同．
スタートポジション	・チューブを両足首につける．
動作手順	・片足で立ち，遊脚側の股関節，膝関節を斜め45°後方へ伸展させる． ・ゆっくりとしたスピードで元の姿勢に戻る．

図20 チューブウォーキング 　図21 ヒップローテーションチューブ 　図22 シングルレッグヒップフレクションチューブ

キーポイント	・体幹を固定し，支持肢の股関節が外転・内転・回旋するのを避ける． ・動作中の腰椎・胸椎の屈曲を避ける． ・膝の内反・外反を避ける．
応用	・1/2 フォームローラーや Airex，BOSU などの用具を使う．

● チューブウォーキング Tube Walking（図20）

目的	・体幹と下肢関節の分離と動きのなかでの協同． ・主に股関節外転・外旋筋群の強化．
スタートポジション	・チューブを両足首につける．
動作手順	・足を肩幅より少し広く保ち，股関節の屈曲を保ちながらサイド，前後に歩く．
キーポイント	・ステップを踏むたびに体幹がぶれ，股関節が外転・内転・回旋するのを避ける． ・体の上下動を避ける．
応用	・ウエイトベストを使う． ・チューブの強さを変える． ・チューブを膝上の大腿部にも巻く．

● ヒップローテーションチューブ Hip Int/Ext Rotation Tube（図21）

目的	・体幹と下肢関節の分離と動きのなかでの協同． ・主に股関節の内旋・外旋筋群の強化．

スタートポジション	・チューブを大腿部に巻く.
動作手順	・スクワット姿勢を保ちながら,片脚ずつ股関節を内旋・外旋させる(大腿骨を回旋するイメージで).
キーポイント	・上体の上下動を避ける. ・体幹がぶれて股関節が外転・内転・回旋するのを避ける. ・腰椎・胸椎の過伸展・屈曲を避ける.
応用	・チューブの強さを変える.

● シングルレッグヒップフレクションチューブ SL Hip Flex Tube(図22)

目的	・体幹と下肢関節の分離と動きのなかでの協同. ・主に股関節屈曲筋群の強化.
スタートポジション	・チューブを両足の甲に巻くようにつける. ・足を肩幅に広げて立ち,両腕をあげる.
動作手順	・両肘と膝が体の中心線で合うように,股関節と肩関節を屈曲させる.
キーポイント	・腰椎・胸椎の屈曲を避ける. ・体幹を固定し,支持脚の股関節が外転・内転・回旋するのを避ける.
応用	・チューブの強さを変える.

● シングルレッグマルチディレクションスクワットダウン SL Multidirection Squat Down(図23)

目的	・スクワット動作における loading/unloading の強化. ・片脚スクワット動作の中での下肢の動的安定. ・体幹と下肢関節の分離と動きのなかでの協同.
スタートポジション	・片足立ちになる.
動作手順	・遊脚側の足を正面,斜め45°,真横,後ろにタッチするようにしながらスクワットする.
キーポイント	・遊脚側の足をなるべく遠くにリーチするようにする. ・体幹を固定し,支持脚の股関節が外転・内転・回旋するのを避ける. ・動作中の腰椎・胸椎の屈曲を避ける. ・膝の内反・外反を避ける.
応用	・1/2フォームローラーや Airex,BOSU などの用具を使う. ・ウエイトベストを着る.

図23　シングルレッグマルチディレクションスクワットダウン 　　図24　シングルレッグスクワットタッチダウン 　　図25　シングルレッグルーマニアンデッドリフトⅠ

● シングルレッグスクワットタッチダウン　SL Squat Touch Down（図24）

目的	・スクワット動作における下肢のloading/unloading能力の強化. ・3面すべてに負荷のかかるエクササイズ. ・片脚スクワット動作のなかでの下肢の動的安定. ・体幹と下肢関節の分離と動きのなかでの協同.
スタートポジション	・片足立ちになる.
動作手順	・片脚スクワットしながら遊脚側の手に持った重りを立脚側の足の外側にタッチする.
キーポイント	・体幹を固定し，支持脚の股関節が過度に外転・内転するのを避ける. ・動作中の腰椎・胸椎・頸椎の屈曲を避ける. ・膝の内反・外反を避ける.
応用	・1/2フォームローラーやAirex，BOSUなどの用具を使う. ・ダンベルの重さや，ウエイトベストの重さを上げる.

● シングルレッグルーマニアンデッドリフトⅠ　SL Romanian Dead Lift Ⅰ（図25）

目的	・片脚デッドリフト動作における主に下肢後面の筋群へのloading/unloadingの強化. ・片脚デッドリフト動作のなかでの下肢の動的安定. ・体幹と下肢関節の分離と動きのなかでの協同.

E　下肢のファンクショナルエクササイズ

図26 シングルレッグプロペラ　　図27 シングルレッグポールタッチ

スタートポジション	・片足立ちになる．
動作手順	・立脚側をデッドリフトの姿勢を保ちながら，遊脚側の手に持った重りを立脚側の外側にタッチする． ・遊脚側の足は常に立脚側の足より前方に位置させる．
キーポイント	・立脚側の股関節のみを屈曲しながら動作を行う． ・体幹を固定し，支持脚の股関節が過度に外転・内転するのを避ける． ・動作中の腰椎・胸椎・頸椎の屈曲を避ける． ・膝の内反・外反を避ける． ・遊脚側の下肢が立脚側より後方に移動するのを避ける．
応用	・1/2 フォームローラーや Airex，BOSU などの用具を使う． ・ダンベルの重さや，ウエイトベストの重さを上げる． ・足首にチューブをつける．

● シングルレッグプロペラ SL Propeller（図26）

目的	・片足立ち股関節屈曲姿勢における，下肢後面筋群におけるエキセントリック収縮の動的安定． ・股関節回旋筋群に負荷のかかる水平面での loading/unloading の強化． ・体幹と下肢関節の分離と動きのなかでの協同．
スタートポジション	・片足立ちになり支持脚側股関節を 90°屈曲させる．
動作手順	・支持脚側の股関節を内旋，外旋させる．

キーポイント	・腰椎・胸椎の屈曲を避ける.
	・股関節内旋の可動域を大きくする.
	・膝の内反・外反を避ける.
応用	・1/2 フォームローラーや Airex，BOSU などの用具を使う.
	・ウエイトベストを着る.

● シングルレッグポールタッチ SL Pole Touch（図27）

目的	・股関節回旋筋群に負荷のかかる水平面での loading/unloading エクササイズ.
	・体幹と下肢関節の分離と動きのなかでの協同.
	・片足立ち動作のなかでの下肢の動的安定.
スタートポジション	・片足立ちになる.
動作手順	・体側に立てたポールを左右交互にタッチする.
キーポイント	・体幹を固定し，支持脚の股関節が過度に外転・内転するのを避ける.
	・腰椎・胸椎の過伸展・屈曲を避ける.
応用	・1/2 フォームローラーや Airex，BOSU などの用具を使う.
	・ポールとポールの距離を離す.
	・ポールの高さを左右で変えて前額面での負荷を加える.

● シングルレッグサイドベント SL Side Bent（図28）

目的	・股関節外転・内転筋群に負荷のかかる前額面での loading/unloading エクササイズ.
	・体幹と下肢関節の分離と動きのなかでの協同.
	・片足立ち動作のなかでの下肢の動的安定.
スタートポジション	・片足立ちになり，頭上に両手で重りをもつ.
動作手順	・両手で持った重りを前額面上にキープしたまま左右に動かす.
キーポイント	・体幹を固定し，支持脚の股関節の内転・外転の動きをコントロールする.
	・腰椎・胸椎の過伸展・屈曲を避ける.
	・肩の屈曲・伸展を避ける.
	・膝の内反・外反を避ける.
応用	・1/2 フォームローラーや Airex，BOSU などの用具を使う.
	・重りの重さを変える.
	・左右へのふり幅を大きくする.

図28　シングルレッグサイドベント　　図29　ノーズトゥウォール

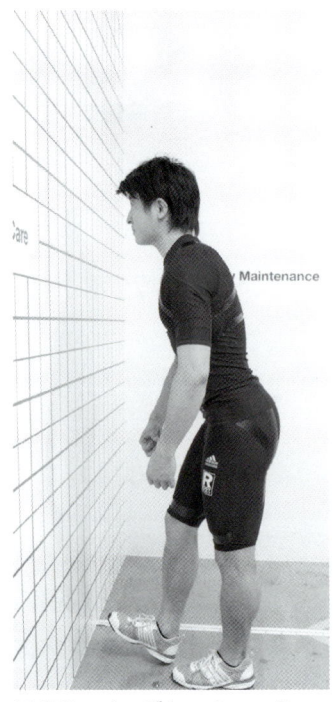

● ノーズトゥウォール Nose to Wall（図29）

目的	・片足立ち，おじぎ動作における，下肢後面へのloading/unloadingエクササイズ． ・体幹と下肢関節の分離と動きのなかでの協同． ・片足立ち動作のなかでの下肢の動的安定．
スタートポジション	・壁から約1m離れたところに片足で立ち，遊脚側は支持脚より前方に位置させておく．
動作手順	・股関節のみを屈曲させて鼻を壁に近づけるようにおじぎする．
キーポイント	・体幹を固定し，支持脚の股関節が外転・内転するのを避ける． ・腰椎・胸椎の過伸展・屈曲を避ける． ・殿部の突き出しを避ける．
応用	・1/2フォームローラーやAirex，BOSUなどの用具を使う． ・壁からの距離を遠くして同じ動きを行う． ・右左前方45°方向の壁へタッチする． ・ウエイトベストを着る． ・足首にチューブをつける．

図 30　ウォールスクワット　　　図 31　シングルレッグウォールスクワット

● ウォールスクワット Wall Squat（図 30）

目的	・スクワット動作における下肢への loading/unloading エクササイズ. ・スクワット動作における下肢の動的安定. ・体幹と下肢関節の分離と動きのなかでの協同.
スタートポジション	・壁と背中の間にバランスボールを挟み，左右の大腿の間にもバレーボールサイズのボールを挟む.
動作手順	・バランスを保ちながら，大腿が床と平行になるまでスクワット運動を行う.
キーポイント	・体幹を固定し，支持脚の股関節が外転・内転するのを避ける. ・腰椎・胸椎の過伸展・屈曲を避ける. ・足部の外転を避ける.
応用	・1/2 フォームローラーや Airex，BOSU などの用具を使う. ・ウエイトベストを着る.

● シングルレッグウォールスクワット SL Wall Squat（図 31）

目的	・スクワット動作における下肢への loading/unloading エクササイズ. ・シングルレッグスクワット動作における下肢の動的安定. ・体幹と下肢関節の分離と動きのなかでの協同.
スタートポジション	・壁と背中の間にバランスボールを挟み，片足立ちになる.
動作手順	・バランスを保ちながら，大腿が床と平行になるまでスクワット運動を行う.

図32　フロントスクワット　　　　図33　バックスクワット

キーポイント	・体幹を固定し，支持脚の股関節が外転・内転・回旋するのを避ける． ・腰椎・胸椎の過伸展・屈曲を避ける． ・膝の内反・外反を避ける． ・足部の外転を避ける．
応用	・1/2フォームローラーやAirex，BOSUなどの用具を使う． ・ウエイトベストを着る． ・両手にダンベルをもつ．

2　下肢のストレングスエクササイズ

● フロントスクワット Front Squat（図32）

目的	・スクワット動作における下肢へのloading/unloadingエクササイズ． ・下肢と体幹の動的筋力向上． ・体幹と下肢関節の分離と動きのなかでの協同． ・軽いウエイトでのトレーニングになるので，腰椎への負担が減少．
スタートポジション	・足を肩幅に開き，10〜15°開く． ・バーかダンベルを肩の前部に乗せる．
動作手順	・後方へ座るように大腿部が床と平行になるまで下降する．
キーポイント	・膝がつま先より前に出ないようにする． ・膝の外反を避ける． ・腰椎・胸椎の過伸展・屈曲を避ける． ・股関節の過屈曲を避ける． ・重心の位置を支持面の真ん中に維持しながら下降する．

図 34　スプリットスクワット　　　　図 35　レッグランジ

応用	・1/2 フォームローラーや Airex などの用具を使う.

● バックスクワット Back Squat（図 33）

目的	・スクワット動作における下肢への loading/unloading エクササイズ. ・下肢と体幹の動的筋力向上. ・体幹と下肢関節の分離と動きのなかでの協同.
スタートポジション	・足を肩幅よりやや広く開く. ・バーベルかダンベルを肩後部へ乗せる.
動作手順	・後方へ座るように大腿部が床と平行になるまで下降する.
キーポイント	・膝がつま先より前に出ないようにする. ・膝の外反を避ける. ・腰椎・胸椎の過伸展・屈曲を避ける. ・股関節の過屈曲を避ける. ・重心の位置を支持面の真ん中に維持しながら下降する.

● スプリットスクワット Split Squat（図 34）

目的	・スクワット動作における下肢への loading/unloading エクササイズ. ・下肢と体幹の動的筋力向上. ・体幹と下肢関節の分離と動きのなかでの協同. ・支持面の広さを変えることにより，より難易度が高くなる.
スタートポジション	・前後の足の距離を約 2 足分開け縦に開く. ・バーベルかダンベルを肩後部へ乗せる.
動作手順	・体の中心線を意識しながら真下に下降する.

E　下肢のファンクショナルエクササイズ

キーポイント	・膝がつま先より前に出ないようにする.
	・膝の外反を避ける.
	・腰椎・胸椎の過伸展・屈曲を避ける.
	・股関節の過屈曲を避ける.
	・体の左右へのぶれを避ける.
応用	・1/2 フォームローラーや Airex などの用具を使う.

● レッグランジ Leg Lunge（図35）

目的	・ランジ動作における下肢への loading/unloading エクササイズ.
	・下肢と体幹の動的筋力向上.
	・体幹と下肢関節の分離と動きのなかでの協同.
	・支持面の広さを変えることにより，より難易度が高くなる.
スタートポジション	・両足を揃えた上体から動作を開始する.
	・バーベルかダンベルを肩後部へ乗せる.
動作手順	・身長とほぼ同じ長さの歩幅で一歩前へ踏み出す.
	・踏み出した足を元の位置に戻す.
キーポイント	・膝がつま先より前に出ないようにする.
	・膝の外反を避ける.
	・腰椎・胸椎の過伸展・屈曲を避ける.
	・股関節の過屈曲を避ける.
	・体の左右へのぶれを避ける.
応用	・前側の足の接地面に 1/2 フォームローラーや Airex などの用具を使う.
	・ウエイトベストを着る.

● マルチディレクションレッグランジ Multidirection Leg Lunge（図36）

目的	・ランジ動作における下肢への loading/unloading エクササイズ.
	・3面すべてを鍛えられる，よりファンクショナルなエクササイズ.
	・下肢と体幹の動的筋力向上.
	・体幹と下肢関節の分離と動きのなかでの協同.
スタートポジション	・両足を揃えた上体から動作を開始する.
	・バーベルかダンベルを肩後部へ乗せる.
動作手順	・身長とほぼ同じ長さの歩幅で一歩踏み出す.
	・前，斜め前45°，真横，真後ろの順で足を踏み出す.

図36　マルチディレクションレッグランジ

図37　ボックススプリットスクワット

キーポイント	・膝がつま先より前に出ないようにする. ・膝の外反を避ける. ・腰椎・胸椎の過伸展・屈曲を避ける. ・股関節の過屈曲を避ける. ・体の左右へのぶれを避ける.
応用	・ウエイトベストを着る.

● ボックススプリットスクワット Box Split Squat（図37）

目的	・スプリットスクワット動作における下肢へのloading/unloadingエクササイズ. ・下肢と体幹の動的筋力向上. ・体幹と下肢関節の分離と動きのなかでの協同. ・後ろ側の足が台の上にあるので，前側の下肢へより集中したエクササイズ.
スタートポジション	・後ろ側の足をボックスの上におき，前側の足は身長とほぼ同じ歩幅に開く. ・バーベルかダンベルを肩後部へ乗せる.
動作手順	・体の中心線を意識して重心を真下に下げる. ・元の体勢にもどる.
キーポイント	・膝がつま先より前に出ないようにする. ・膝の外反を避ける. ・腰椎・胸椎の過伸展・屈曲を避ける. ・股関節の過屈曲を避ける. ・体の左右へのぶれを避ける.

図38 バランスボールスプリットスクワット

図39 デッドリフト

| 応用 | ・前側の足の接地面に1/2フォームローラーやAirexなどの用具を使う.
・ウエイトベストを着る.
・ボックスを高くして強度を上げる. |

● バランスボールスプリットスクワット Balance Ball Split Squat（図38）

目的	・スプリットスクワット動作における下肢へのloading/unloadingエクササイズ. ・下肢と体幹の動的筋力向上. ・体幹と下肢関節の分離と動きのなかでの協同. ・後ろ側の足がスタビリティボール上にあるので，前側の下肢への不安定要素が高くなる，より難易度が高いエクササイズ.
スタートポジション	・後ろ側の足をバランスボールの上におき，前足は身長とほぼ同じ歩幅に開く. ・バーベルかダンベルを肩後部へ乗せる.
動作手順	・体の中心線を意識して重心を真下に下げる. ・元の体勢にもどる.
キーポイント	・膝がつま先より前に出ないようにする. ・膝の外反を避ける. ・腰椎・胸椎の過伸展・屈曲を避ける. ・股関節の過屈曲を避ける. ・体の左右へのぶれを避ける.
応用	・前側の足の接地面に1/2フォームローラーやAirexなどの用具を使う. ・ウエイトベストを着る.

図40　シングルレッグルーマニアンデッドリフトⅡ

図41　ステップアップ

● デッドリフト Dead Lift（図39）

目的	・デッドリフト動作における下肢後面の筋群への loading/unloading の強化． ・デッドリフト動作のなかでの下肢と体幹の動的安定． ・体幹と下肢関節の分離と動きのなかでの協同．
スタートポジション	・足を肩幅に広く．
動作手順	・両膝をやや屈曲させたまま，股関節を屈曲させる． ・両手に持ったバーベルやダンベルは体に沿わせるように降ろしていく．
キーポイント	・動作中の腰椎・胸椎・頸椎の屈曲を避ける．

● シングルレッグルーマニアンデッドリフトⅡ　SL Romanian Dead Lift Ⅱ（図40）

目的	片脚デッドリフト動作における主に下肢後面の筋群への loading/unloading の強化． ・片脚デッドリフト動作における股関節外旋筋群への loading/unloading の強化． ・片脚デッドリフト動作のなかでの下肢の動的安定． ・体幹と下肢関節の分離と動きのなかでの協同．
スタートポジション	・片足立ちから遊脚側の股関節を伸展させる．
動作手順	・立脚側のみでデッドリフトを行う． ・両手（片手）に持った重りを降ろしていく． ・遊脚側の下肢は後方へ伸展させる．

キーポイント	・最終位置での股関節の回旋を避ける． ・動作中の腰椎・胸椎・頸椎の屈曲を避ける． ・膝の内反・外反を避ける．
応用	・1/2 フォームローラーや Airex，BOSU などの用具を使う． ・ウエイトベストを着る． ・ダンベルの重さを変える．

● ステップアップ Step Up（図41）

目的	・ステップアップ動作における下肢への loading/unloading の強化． ・シングルレッグスクワットやランジよりも腰や膝への負担が少ない． ・下肢と体幹の動的筋力向上． ・体幹と下肢関節の分離と動きのなかでの協同．
スタートポジション	・前側の脚の大腿部が床と平行になる程度のボックスへ足を乗せる．
動作手順	・ボックスへ乗せたほうの下肢だけを使ってボックスへあがる（後脚側の蹴りを利用しない）． ・トップポジションにおいて支持脚によって姿勢を安定させる．
キーポイント	・膝がつま先より前に出ないようにする． ・膝の外反を避ける． ・腰椎・胸椎の過伸展・屈曲を避ける． ・元の位置に戻る際に体勢をコントロールしながら降りる．
応用	・ボックスの上に 1/2 フォームローラーや Airex などの用具を使う． ・ボックスを高くし，下肢後面筋群のエキセントリック収縮をより利用できるようにする． ・ウエイトベストを着る．

● サイドステップアップ Side Step Up（図42）

目的	・ステップアップ動作における下肢への loading/unloading の強化． ・シングルレッグスクワットやランジよりも腰や膝への負担が少ない． ・サイドへの動きのため，特に内転筋群のエキセントリック収縮に負荷が大きくなるトレーニング． ・下肢と体幹の動的筋力向上． ・体幹と下肢関節の分離と動きのなかでの協同．
スタートポジション	・大腿部が床と平行になる程度の高さのボックスへ足を乗せる．
動作手順	・ボックスに近い側の下肢を使ってボックスへあがる（外側脚の蹴りを利用しない）． ・トップポジションにおいて支持脚によって姿勢を安定させる．

図42　サイドステップアップ　　図43　シングルレッグケーブルスクワット

キーポイント	・膝がつま先より前に出ないようにする． ・膝の外反を避ける． ・腰椎・胸椎の過伸展・屈曲を避ける． ・元の位置に戻るときに体勢をコントロールしながら降りる．
応用	・ボックスの上に1/2フォームローラーやAirexなどの用具を使う． ・ボックスを高くし，下肢後面筋群のエキセントリック収縮をより利用できるようにする． ・ウエイトベストを着る．

● シングルレッグケーブルスクワット SL Cable Squat（図43）

目的	・片脚スクワット動作における下肢のloading/unloadingの強化． ・3面すべてに負荷のかかるエクササイズ． ・片脚スクワット動作のなかでの下肢の動的安定． ・ケーブルの引っ張りによる，より負荷の高いloadingエクササイズ． ・体幹と下肢関節の分離と動きのなかでの協同．
スタートポジション	・ケーブルに正対し片足立ちになる．
動作手順	・片脚スクワットしながら遊脚側の手に持ったケーブルを立脚側の足の外側にタッチする．
キーポイント	・股関節における体幹の過度な外転・内転を避ける． ・動作中の腰椎・胸椎・頸椎の屈曲を避ける． ・膝の内反・外反を避ける．

E　下肢のファンクショナルエクササイズ

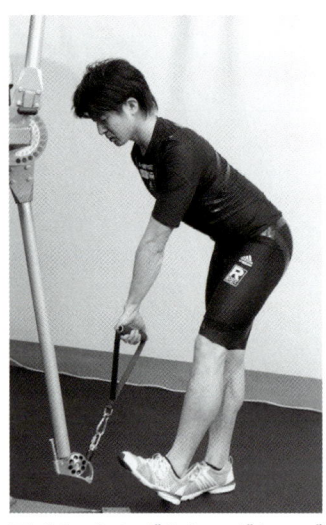

図44 シングルレッグケーブルルーマニアンデッドリフト

図45 スライドボードバックランジ

応用	・1/2フォームローラーやAirex，BOSUなどの用具を使う． ・ケーブルの重さや，ウエイトベストの重さを上げる．

● シングルレッグケーブルルーマニアンデッドリフト SL Cable Romanian Dead Lift（図44）

目的	・片脚デッドリフト動作における主に下肢後面の筋群へのloading/unloadingの強化． ・片脚デッドリフト動作における股関節外旋筋群へのloading/unloadingの強化． ・ケーブルの引っ張りによる，より負荷の高いloadingエクササイズ． ・片脚デッドリフト動作のなかでの下肢の動的安定． ・体幹と下肢関節の分離と動きのなかでの協同．
スタートポジション	・ケーブルに正対し遊脚側の手にケーブルをもつ．
動作手順	・立脚側の股関節を屈曲しながら片脚でデッドリフトを行う． ・遊脚側の下肢は後方へ伸展させる．
キーポイント	・最終位置での股関節の回旋を避ける． ・動作中の腰椎・胸椎・頸椎の屈曲を避ける． ・膝の内反・外反を避ける．
応用	・1/2フォームローラーやAirexなどの用具を使う． ・ケーブルの重さやウエイトベストの重さを変える．

● スライドボードバックランジ Slideboard Back Lunge（図45）

目的	・ランジ動作における下肢へのloading/unloadingエクササイズ． ・後ろ側の足がスライドボード上を移動するためにより不安定要素の強い難易度の高いエクササイズ． ・下肢と体幹の動的筋力向上． ・体幹と下肢関節の分離と動きのなかでの協同．
スタートポジション	・両足を揃えた状態から動作を開始する．
動作手順	・後ろ側の足をスライドボード上に乗せ，身長とほぼ同じ長さの歩幅で後ろにスライドしていく．
キーポイント	・膝がつま先より前に出ないようにする． ・膝の外反を避ける． ・腰椎・胸椎の過伸展・屈曲を避ける． ・股関節の過屈曲を避ける． ・体の左右へのぶれを避ける．
応用	・ウエイトベストを着る．

3 下肢のパワーエクササイズ

● ボックスジャンプアップ Box Jump Up（図46）

目的	・ジャンプ動作での，下肢に対する負荷の高いloading/unloadingエクササイズ． ・下肢の爆発的筋力向上 ・体幹と下肢関節の分離と動きのなかでの協同．
スタートポジション	・足を肩幅に開きボックスに正対して立つ．
動作手順	・ゆっくりスクワットダウンしていく． ・大腿部が床に平行まで降りたら，足関節，膝関節，股関節を同時に一気に伸展させる． ・ボックスの上にバランスよく着地する．
キーポイント	・正しい体幹の姿勢を保ったままジャンプする．
応用	・ウエイトベストを着る．

図46 ボックスジャンプアップ

図47 スプリットスクワットドロップダウン・アップ

● スプリットスクワットドロップダウン・アップ Split Squat Drop Down-Up（図47）

目的	・素早いスピードにおけるスプリットスクワット動作での，下肢に対する負荷の高い loading/unloading エクササイズ． ・下肢の爆発的筋力向上． ・上肢，体幹と下肢関節の分離と動きのなかでの協同．
スタートポジション	・前後の足を前後に約2足分開ける． ・バーベルかダンベルを肩後部へ乗せる．
動作手順	・体の中心線を意識しながら真下に素早く下がり，その後足関節，膝関節，股関節，肩関節を同時に一気に伸展させる．
キーポイント	・膝がつま先より前に出ないようにする． ・膝の外反を避ける． ・腰椎・胸椎の過伸展・屈曲を避ける． ・股関節の過屈曲を避ける． ・体の左右へのぶれを避ける．
応用	・ウエイトベストを着る． ・ダンベル，バーベルの重さを変える．

図48　レペティティブスクワットジャンプ

図49　フロントランジメディシンボールツイスト

● レペティティブスクワットジャンプ Repetitive Squat Jump（図48）

目的	・スクワットジャンプ動作での，下肢に対する負荷の高いloading/unloadingエクササイズ． ・下肢の爆発的筋力向上と筋持久力の向上． ・体幹と下肢関節の分離と動きのなかでの協同．
スタートポジション	・足を肩幅に開いて立つ．
動作手順	・すばやくスクワットダウンする． ・大腿部が床に平行まで降りたら，足関節，膝関節，股関節を同時に一気に伸展させてジャンプする． ・両足着地と同時に上記の動きを繰り返す．
キーポイント	・正しい体幹の姿勢を保ったままジャンプする． ・着地時に膝がつま先より前に出ないようにする． ・着地時に膝の外反を避ける． ・着地時に腰椎・胸椎の過伸展・屈曲を避ける． ・着地時に股関節の過屈曲を避ける． ・体の左右へのぶれを避ける．
応用	・ウエイトベストを着る．

E　下肢のファンクショナルエクササイズ

図50　サイドランジメディシンボールツイスト

● フロントランジメディシンボールツイスト Front Lunge Medicine Ball（MB）Twist（図49）

目的	・フロントランジ動作での下肢に対する負荷の高い loading/unloading エクササイズ. ・3面の運動面に対する負荷の強い下肢のエクササイズ. ・下肢の爆発的筋力向上. ・上肢，体幹と下肢関節の分離と動きのなかでの協同.
スタートポジション	・胸の前でメディスンボールを持つ.
動作手順	・フロントランジしていくと同時に，前脚の膝の外側に向けて降ろしていく. ・ランジ動作終了と同時に下肢の力を使って一気にメディシンボールと脚の位置を元へ戻す.
キーポイント	・着地時に膝がつま先より前に出ないようにする. ・着地時に膝の外反を避ける. ・着地時に腰椎・胸椎の過伸展・屈曲を避ける. ・着地時に股関節の過屈曲を避ける. ・体の左右へのぶれを避ける.
応用	・ウエイトベストを着る. ・メディシンボールの重さを変える. ・ボックスの上からスタートしてランジを行う.

● サイドランジメディシンボールツイスト Side Lunge MB Twist（図 50）

目的	・サイドランジ動作での下肢に対する負荷の高い loading/unloading エクササイズ． ・3 面の運動面に対する負荷の強い下肢のエクササイズ． ・股関節内転筋群に対する負荷の強いエクササイズ． ・下肢の爆発的筋力向上． ・上肢，体幹と下肢関節の分離と動きのなかでの協同．
スタートポジション	・胸の前でメディシンボールを持つ．
動作手順	・サイドランジしていくと同時に，ランジ側の膝の外側に向けて降ろしていく． ・ランジ動作終了と同時に下肢の力を使って一気にメディシンボールと脚の位置を元へ戻す．
キーポイント	・着地時に膝がつま先より前に出ないようにする． ・着地時に膝の外反を避ける． ・着地時に腰椎・胸椎の過伸展・屈曲を避ける． ・着地時に股関節の過屈曲を避ける． ・体の左右へのぶれを避ける．
応用	・ウエイトベストを着る． ・メディシンボールの重さを変える． ・ボックスの上からスタートしてランジを行う．

● サイドステップチューブ Side Step Tube（図 51）

目的	・サイドステップ動作での片脚に対する負荷の高い loading/unloading エクササイズ ・股関節外転筋群に対する負荷の強いエクササイズ． ・下肢の爆発的筋力向上． ・上肢，体幹と下肢関節の分離と動きのなかでの協同．
スタートポジション	・チューブを足首につけて，肩幅に脚を広げる．
動作手順	・ジャンプする方向と反対側の股関節筋群を中心にしてサイドに大きくステップする． ・バランスよく，力を吸収しながら着地する． ・着地と同時に逆の方向にサイドステップする．
キーポイント	・着地時に膝がつま先より前に出ないようにする． ・着地時に膝の内転を避ける． ・着地時に腰椎・胸椎の過伸展・屈曲を避ける． ・着地時に股関節の過屈曲を避ける． ・体の左右へのぶれを避ける．

図51 サイドステップチューブ

図52 シングルレッグマルチディレクションジャンプ

| 応用 | ・ウエイトベストを着る.
・チューブの強度を変える. |

● シングルレッグマルチディレクションジャンプ SL Multidirection Jump（図52）

目的	・多方向への片足ジャンプ動作での下肢に対する負荷の高い loading/unloading エクササイズ. ・股関節外転筋・内転筋群に対する負荷の強いエクササイズ. ・下肢の爆発的筋力向上. ・上肢，体幹と下肢関節の分離と動きのなかでの協同.
スタートポジション	・足を肩幅に広げて立つ.
動作手順	・右左の足を交互に使い，片足ジャンプしていく. ・前後，左右，斜め45°後方回転ジャンプを連続で行う. ・チューブを足首につけて，肩幅に脚を広げる. ・ジャンプする方向と反対側の股関節筋群を中心にして大きくステップする. ・バランスよく，力を吸収しながら着地する. ・着地と同時に次の方向にステップする.
キーポイント	・着地時に膝がつま先より前に出ないようにする. ・着地時に膝の内転を避ける. ・着地時に腰椎・胸椎の過伸展・屈曲を避ける. ・着地時に股関節の過屈曲を避ける. ・体の左右へのぶれを避ける.

| 応用 | ・ウエイトベストを着る.
・チューブの強度を変える. |

(北川雄一)

参考文献

- Shirley A. Sahrmann: Diagnosis and Treatment of Movement Impairment Syndromes. Mosby, 2002.
- National Academy of Sports Medicine (NASM)：Performance Enhancement Specialist (PES) Home Study Course Manual. NASM, 2001.
- Comerford J. M, Mottran L. S：Movement and stability dysfunction-Contemporary developments. Manual Therapy 2001；6(1)：15-26.
- Mark Verstegen, Pete Williams：Core Performance. Rodale, 2004.
- Gray Cook：Athletic Body in Balance. Human Kinetics, 2003.

索引

あ
アイソメトリック収縮　32
アクティブストレッチ　34, 130
アスレティックリハビリテーション　2
アセスメント　20
アッパークロスシンドローム　52
アッパートラップストレッチ　63
アッパーバックエクステンション　63
アームレッグプッシュアップ　67
アライメント　22
アンダーハードル　132
アンダーハードルツイスト　133
安定性　15

い
インラインランジテスト　29

う
ウインドミル　72
ウエイトベスト　44
ウォールスクワット　143
動き　15

え
エアレックス　41
エキセントリック収縮　11
エクスターナルローテーターストレッチ　66
エレベーションテスト　59

お
オーバーヘッドスクワットテスト　22
オープンキネティックチェーン　46

か
下角の後方突出　54
過少可動性　7
過剰可動性　7
肩関節外旋筋群　66

き
拮抗筋　13
キネティックチェーン　5
機能障害　14
協同　5
協力筋　13
協力筋群　13

く
クローズドキネティックチェーン　46
グローバルスタビライザー　14
グローバルモビライザー　14

け
ケーブル　43
ケーブルダイナミックハグ　67
ケーブルプッシュアウト　67
ケーブルブラックバーン　68
ケーブルプルイン　69
ケーブルプルダウン　70
肩甲挙筋　63
肩甲骨下角の突出　60
肩甲骨下制位　53
肩甲骨前傾下方回旋位　54
肩甲骨内旋位　54
肩甲骨内側縁の突出　60
肩甲骨の挙上　60
肩甲骨の高さ　53

こ
コアエクササイズ　37
広背筋　64
固定筋　13
コブラ　105
コンセントリック収縮　11
コンディショニングトレーニング　3

さ
サイドステップアップ　150
サイドステップチューブ　157
サイドハードリング　133
サイドブリッジ　101
サイドブリッジアダクション　102
サイドブリッジアダクションヒップフレクション　113
サイドブリッジアブダクション　102
サイドブリッジショルダーコンビ　112
サイドブリッジヒップフレクションチューブ　113
サイドランジメディシンボールツイスト　157
3面運動　5

し
シェルエクササイズ　21, 135
支持面　39
矢状面　8
重力　5
主働筋　13
小胸筋　64
ショルダーアブダクション　83
ショルダースキャプション　83
ショルダーフレクション　83
ショルダーミリタリープレス　84
シングルアームケーブルプルダウン　82
シングルアームケーブルプレス　79
シングルアームケーブルリバーススキャプション　79

シングルアームケーブルロー　82
シングルアームバランスボールダンベルプレス　78
シングルレッグウォールスクワット　143
シングルレッグウォールドリブル　75
シングルレッグケーブルスクワット　151
シングルレッグケーブルダイアゴナル　85
シングルレッグケーブルフォロースルー　75
シングルレッグケーブルルーマニアンデッドリフト　152
シングルレッグケーブルローテーション　73
シングルレッグケーブルローテーション（セカンドポジション）　74
シングルレッグサイドベント　141
シングルレッグスクワットタッチダウン　139
シングルレッグスクワットテスト　24
シングルレッグティルティング　135
シングルレッグヒップエクステンションアブダクションチューブ　136
シングルレッグヒップフレクションチューブ　138
シングルレッグブリッジ　104
シングルレッグブリッジアブダクション　114
シングルレッグブリッジテスト　30
シングルレッグブリッジトランクローテーションボール　115
シングルレッグブリッジフレクション　114
シングルレッグプロペラ　140
シングルレッグポールタッチ　141
シングルレッグボールロール　76
シングルレッグマルチディレクションジャンプ　158
シングルレッグマルチディレクションスクワットダウン　138
シングルレッグルーマニアンデッドリフト　21, 139, 149

す
水平面　8
スクワットプログレッション　134
スタビリティ　22
スタビリティエクササイズ　36, 72, 75
スタビリティ関節　6
スタビリティボール　43
スタビリティ・モビリティ期　32
スタンディングソアステスト　92
スタンドアブサジタル　116
スタンドアブトライアングル　119
スタンドアブ PNF　119
スタンドアブホリゾンタル　118
スタンドアブメディシンボールオーバーヘッドスロー　121
スタンドアブメディシンボールサイドスロー　121
ステップアップ　150
ストレングス　22
ストレングスエクササイズ　38, 67, 72, 78, 81, 83, 144
ストレングス期　32
ストレングストレーニング　3
スプリットスクワット　145
スプリットスクワットドロップダウン・アップ　154
スライドボード　44
スライドボードバックランジ　153

せ
セルフリリース　34, 130
前額面　8

そ
僧帽筋上部　63

た
大円筋　66
体幹　88
大胸筋　64
ダイナディスク　41
ダイナミックスタビリティ　36
ダイナミックストレッチ　35, 130
ダンベルローテーション　76

ち
力の吸収　5
力の発揮　5
中和筋　13
チューブウォーキング　137
チョップ　122
チンタック　62

て
デッドリフト　149
テレスメジャーストレッチ　66

と
動的安定性　36
トレーニングピラミッド　32, 33

な
内側縁の後方突出　54

に
1/2 フォームローラー　41

の
ノーズトゥウォール　142

は
バックスクワット　145

ハードリング　132
ハードルエクササイズ　132
ハードルステップテスト　26
バランスボールエクスターナルローテーション　73
バランスボールコブラ　81
バランスボールシェイク　72
バランスボールスプリットスクワット　148
バランスボールダンベルロー　81
バランスボールプッシュアップ　78, 79
バランスボールプッシュアッププライオ　80
バランスボールブラックバーン　71
バランスボールプルアップ　81
バランスボールホリゾンタルアブダクション　72
パワーエクササイズ　153
パワー期　32, 33

ひ
ヒップローテーションチューブ　137
評価　20

ふ
ファンクショナルアセスメント　22
ファンクショナルトレーニング　4
フォーポイントスクワットテスト　91
フォーポイントトランクローテーション　96
フォーポイントヒップエクステンションニーフレクションテスト　94
プライオメトリックトレーニング　11
ブリッジ　103
ブリッジボスウォーク　103
フレキシビリティ　22
フレキシビリティエクササイズ　34, 62, 130

フレクションテスト　56
ブレーシング　98
フロントスクワット　144
フロントブリッジ　99
フロントブリッジシェイク　100
フロントブリッジショルダーローテーション　106
フロントブリッジシングルアーム　106
フロントブリッジシングルアームテスト　90
フロントブリッジツイスト　99
フロントブリッジツイストシェイク　101
フロントブリッジトランクローテーションボール　111
フロントブリッジヒップアブダクション　109
フロントブリッジヒップフレクションチューブ　111
フロントブリッジリバースフライローテーション　108
フロントランジメディシンボールツイスト　156
分離　5

へ
ペックスマイナーストレッチ　64
ペックスメジャーストレッチ　64
ペルビッククランチ　97
ペルビックムカデ　97

ほ
ボザー　69
ボス　42
ポスチャアセスメント　52
ボックスジャンプアップ　153
ボックスステップアップ　71
ボックススプリットスクワット　147
ボディブレード　78
ホリゾンタルアブダクションテスト　56
ボールスラップ　71

ま
マルチディレクションレッグランジ　146

め
メディカルリハビリテーション　2
メディシンボール　43
メディシンボールキャッチ　77
メディシンボールプッシュアップ　80

も
モビリティ＆スタビリティアセスメント　56
モビリティエクササイズ　132
モビリティ関節　6

よ
腰椎–骨盤–股関節複合体　88

ら
ラットストレッチ　64

り
リフト　124

れ
レッグランジ　146
レベータースキャプラストレッチ　63
レペティティブスクワットジャンプ　155

ろ
ローカルスタビライザー　14
ローテーションテスト　58

A

Active Stretch　*34, 130*
agonists　*13*
Airex　*41*
antagonists　*13*
Arm & Leg Push Up with a Plus　*67*

B

Back Squat　*145*
Balance Ball Blackburn　*71*
Balance Ball Split Squat　*148*
Ball Slap　*71*
base of support　*39*
BB Blackburn　*71*
BB Cobra　*81*
BB DB Row　*81*
BB ER at 90°Abduction　*73*
BB Prone Horizontal Abduction at 100°with Full ER　*72*
BB Pull Up　*81*
BB Push Up　*78, 79*
BB Push Up Plyo　*80*
BB Shake　*72*
Bilateral ER　*69*
Bilateral External Rotation　*69*
Bodyblade ER　*78*
BOSU　*42*
Box Jump Up　*153*
Box Split Squat　*147*
Box Step Up　*71*
bracing　*98*
Bridge　*103*
Bridge BOSU Walk　*103*

C

Cable Blackburn　*68*
Cable Dynamic Hug　*67*
Cable Pull Down　*70*
Cable Pull In　*69*
Cable Push Out　*67*
Cervical Retraction　*62*
Chop　*122*
Cobra　*105*

D

DB Rotation　*76*
Dead Lift　*149*
depressed scapula　*53*
dissociate　*5*
Dumbbell Rotation　*76*
Dyna-Disc　*41*
Dynamic Stretch　*35, 130*

E

Elevation Test　*59*

F

FB　*99*
FB Hip ER Abduction　*109*
FB Hip Flex Tube　*111*
FB Reverse Fly & Rot　*108*
FB Rev Fly & Rot　*108*
FB SA　*106*
FB SA Test　*90*
FB Shake　*100*
FB SH ER　*106*
FB SH External Rotation　*106*
FB Trunk Rot Toe on Ball　*111*
FB Twist　*99*
FB Twist Shake　*101*
4 Points Squat Test　*91*
4 pt Hip Extension with Knee Flexion Test　*94*
4 pt Hip Ext with Knee Flex Test　*94*
4 pt SQ Test　*91*
4 pt Trunk Rot　*96*
4 pt Trunk Rotation　*96*
Front Bridge　*99*
Front Bridge Single Arm Test　*90*
Front Lunge MB Twist　*156*
Front Lunge Medicine Ball Twist　*156*
Front Squat　*144*

G

Glenohumeral External Rotators　*66*

gravity　*5*

H

Hip Int/Ext Rotation Tube　*137*
Horizontal Abduction Test　*56*
Hurdle Step Test　*26*
Hurdling　*132*
hypermobility　*7*
hypomobility　*7*

I

inferior angle dysfunction type Ⅰ　*60*
In Line Lunge Test　*29*
integrate　*5*
internally rotated scapula　*54*

K

kinetic chain　*5*

L

Latissimus Dorsi　*64*
Leg Lunge　*146*
Levator Scapulae　*63*
Lift　*124*
loading　*5*
lumbo-pelvic-hip complex　*88*
lumbo-pelvic joint　*88*

M

MB Catch　*77*
MB Push Up　*80*
medial border dysfunction type Ⅱ　*60*
Medicine Ball Catch　*77*
mobility　*15*
mobility joint　*6*
movement dysfunction　*14*
Multidirection Leg Lunge　*146*
muscle synergies　*13*

N

neutralizers　*13*

Nose to Wall   *142*

O

OH SQ Test   *22*
Overhead Squat Test   *22*

P

Pectoralis Major   *64*
Pectoralis Minor   *64*
Pelvic Crunch   *97*
Pelvic MUKADE   *97*
Push Up with Plus Position   *72*

R

Repetitive Squat Jump   *155*
Rotation Test   *58*

S

SA BB Chest Press   *78*
SA Cable Chest Press   *79*
SA Cable Pulldown   *82*
SA Cable Reverse Scaption   *79*
SA Cable Row   *82*
Self Myofascial Release   *34, 130*
Shell Exercise   *135*
Shoulder Abduction   *83*
Shoulder Flexion   *83*
Shoulder Military Press   *84*
Shoulder Scaption   *83*
Side Bridge   *101*
Side Bridge with Abduction   *102*
Side Bridge with Adduction   *102*
Side Bridge with Adduction Hip Flex   *113*
Side Bridge with Hip Flex Tube   *113*
Side Bridge with SH Combi   *112*
Side Hurdling   *133*
Side Lunge MB Twist   *157*
Side Step Tube   *157*
Side Step Up   *150*
Single Arm BB Chest Press   *78*
Single Leg Cable External Rotation/Internal Rotation   *73*
Single Leg Squat Test   *24*
Single Leg Tilting   *135*
SL Ball Roll   *76*
SL Bridge   *104*
SL Bridge Trunk Rot Toe on Ball   *115*
SL Bridge with Abduction   *114*
SL Bridge with Abduction Test   *30*
SL Bridge with Flex   *114*
SL Cable ER/IR   *73*
SL Cable ER/IR at 90°   *74*
SL Cable Follow Through   *75*
SL Cable Romanian Dead Lift   *152*
SL Cable Shoulder Diagonal   *85*
SL Cable Squat   *151*
SL Hip Ext Abduction Tube   *136*
SL Hip Flex Tube   *138*
Slideboard Back Lunge   *153*
SL Multidirection Jump   *158*
SL Multidirection Squat Down   *138*
SL Pole Touch   *141*
SL Propeller   *140*
SL Romanian Dead Lift   *21, 139, 149*
SL Side Bent   *141*
SL SQ Test   *24*
SL Squat Touch Down   *139*
SL Tilting   *135*
SL Wall Dribble   *75*
SL Wall Squat   *143*
Split Squat   *145*
Split Squat Drop Down-Up   *154*
Squat Progression   *134*
stability   *15*
stability joint   *6*
stabilizers   *13*
Stand Abdominal Sagittal Plane   *116*
Stand AB Horizontal Plane   *118*
Stand AB MB Overhead Throw   *121*
Stand AB MB Side Throw   *121*
Stand AB Medicine Ball Overhead Throw   *121*
Stand AB PNF   *119*
Stand AB Sagittal Plane   *116*
Stand AB Triangle   *119*
Standing Psoas Test   *92*
Standing Shoulder Flexion Test   *56*
Step Up   *150*
superior dysfunction type Ⅲ   *60*
synergists   *13*

T

Teres Major   *66*
Thoracic Extension   *63*
3 dimension movement pattern   *5*
Tube Walking   *137*

U

Under Hurdle   *132*
Under Hurdle Twist   *133*
unloading   *5*
upper cross syndrome   *52*
Upper Trapezius   *63*

W

Wall Squat   *143*
Windmill   *72*
winging scapula   *54*

索　引   *165*

編者・執筆者略歴

中村 千秋（なかむら ちあき）

1957 年生まれ
1981 年　順天堂大学体育学部健康学科 卒業
1983 年　順天堂大学大学院体育学研究科 修了（体力学）
1984 年　順天堂大学体育学部助手（スポーツ医学教室）
1991 年　Arizona State University, College of Liberal Arts and Sciences 卒業
1996 年　有限会社トライ・ワークス設立
2003 年　早稲田大学スポーツ科学部客員講師
現在，早稲田大学スポーツ科学学術院准教授
　これまでに，流通経済大学付属柏高等学校ラグビーフットボール部，帝京大学ラグビーフットボール部などでアスレティックトレーナーを歴任．
［全米アスレティックトレーナーズ協会公認アスレティックトレーナー（NATABOC-ATC），日本体育協会公認アスレティックトレーナー］

渡部 賢一（わたべ けんいち）

1968 年生まれ
1991 年　順天堂大学体育学部健康学科 卒業
1995 年　Indiana University-Bloomington, School of Health, Physical Education & Recreation, Department of Kinesiology, Biomechanics Major 大学院修士課程 修了
1997 年　Arizona State University, Athletic Training Internship 単位取得
現在，福岡ソフトバンクホークス株式会社　メディカル担当ディレクター
　これまでに，1998 年 NovaCare Rehabilitation Inc. アスレティックトレーナー，2001 年より Physiotherapy Associates Tempe SPORT Clinic　アスレティックトレーナー，2003 年 より株式会社広島東洋カープ　アスレティックトレーナー，2004 年 よりヤクルトスワローズ　コンディショニングコーチ，早稲田大学スポーツ科学部非常勤講師を歴任．
［全米アスレティックトレーナーズ協会公認アスレティックトレーナー（NATABOC-ATC），全米ストレングス＆コンディショニング協会公認ストレングス＆コンディショニングスペシャリスト（NSCA-CSCS），NASM 公認パフォーマンスエンハンスメントスペシャリスト（NASM-PES）］

鈴木 岳(すずき たけし)

1971 年生まれ

1997 年　Washington State University, College of Education, Kinesiology Major, Athletic Training Program 卒業

2008 年　筑波大学大学院博士課程人間総合科学研究科スポーツ医学専攻 修了

現在，株式会社 R-body project 代表取締役

　これまでに，1998 年より全日本スキー連盟フリースタイルスキー(モーグル)専任トレーナー，1999 年より日本オリンピック委員会強化スタッフ(医・科学スタッフ)，2004 年より国立スポーツ科学センター非常勤トレーナー，早稲田大学スポーツ科学部非常勤講師を歴任．

　2003 年よりトップアスリートから一般の方までを対象に，一人ひとりに合わせたカスタムメイドのアスレティックリハビリテーション，コンディショニング指導を提供するパフォーマンストレーニングセンター R-body project を運営．

[全米アスレティックトレーナーズ協会公認アスレティックトレーナー(NATABOC-ATC)，全米ストレングス＆コンディショニング協会公認ストレングス＆コンディショニングスペシャリスト(NSCA-CSCS)，日本体育協会公認アスレティックトレーナー，日本トレーニング指導者協会公認上級トレーニング指導者]

北川 雄一(きたがわ ゆういち)

1975 年生まれ

1998 年　中京大学体育学部体育学科 卒業

2002 年　University of Tennessee at Martin, College of Education 単位取得

2005 年　Arizona State University, School of Education 大学院修士課程 修了

現在，プロバスケットボール bj リーグ仙台 89ERS 専属アスレティックトレーナー/ストレングスコーチ/通訳

[全米アスレティックトレーナーズ協会公認アスレティックトレーナー(NATABOC-ATC)，NASM 公認パフォーマンスエンハンスメントスペシャリスト(NASM-PES)]

検印省略

ファンクショナルトレーニング
機能向上と障害予防のためのパフォーマンストレーニング

定価（本体 4,500円＋税）

2010年9月17日　第1版　第1刷発行
2025年2月14日　同　　第16刷発行

編集者	中村　千秋
著　者	渡部　賢一・鈴木　岳・北川　雄一
発行者	浅井　麻紀
発行所	株式会社 文光堂
	〒113-0033　東京都文京区本郷7-2-7
	TEL (03)3813-5478 (営業)
	(03)3813-5411 (編集)

ⓒ中村千秋・渡部賢一・鈴木　岳・北川雄一, 2010　　印刷・製本：広研印刷

ISBN978-4-8306-5157-1　　　　　　　　　　　　　Printed in Japan

・本書の複製権，翻訳権・翻案権，上映権，譲渡権，公衆送信権（送信可能化権を含む），二次的著作物の利用に関する原著作者の権利は，株式会社文光堂が保有します．
・本書を無断で複製する行為（コピー，スキャン，デジタルデータ化など）は，私的使用のための複製など著作権法上の限られた例外を除き禁じられています．大学，病院，企業などにおいて，業務上使用する目的で上記の行為を行うことは，使用範囲が内部に限られるものであっても私的使用には該当せず，違法です．また私的使用に該当する場合であっても，代行業者等の第三者に依頼して上記の行為を行うことは違法となります．

・JCOPY〈出版者著作権管理機構　委託出版物〉
本書を複製される場合は，そのつど事前に出版者著作権管理機構（電話 03-5244-5088，FAX 03-5244-5089，e-mail：info@jcopy.or.jp）の許諾を得てください．